COLOR TEST PAGE

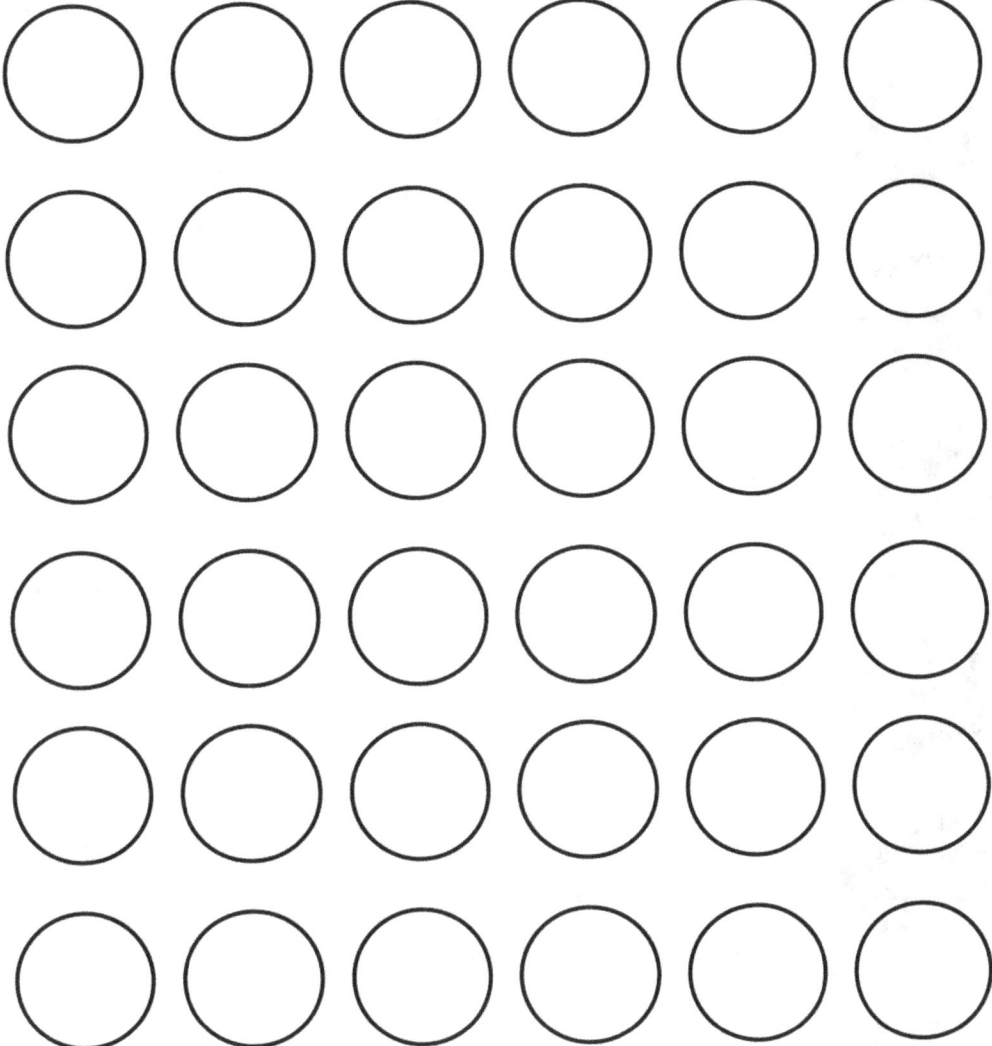

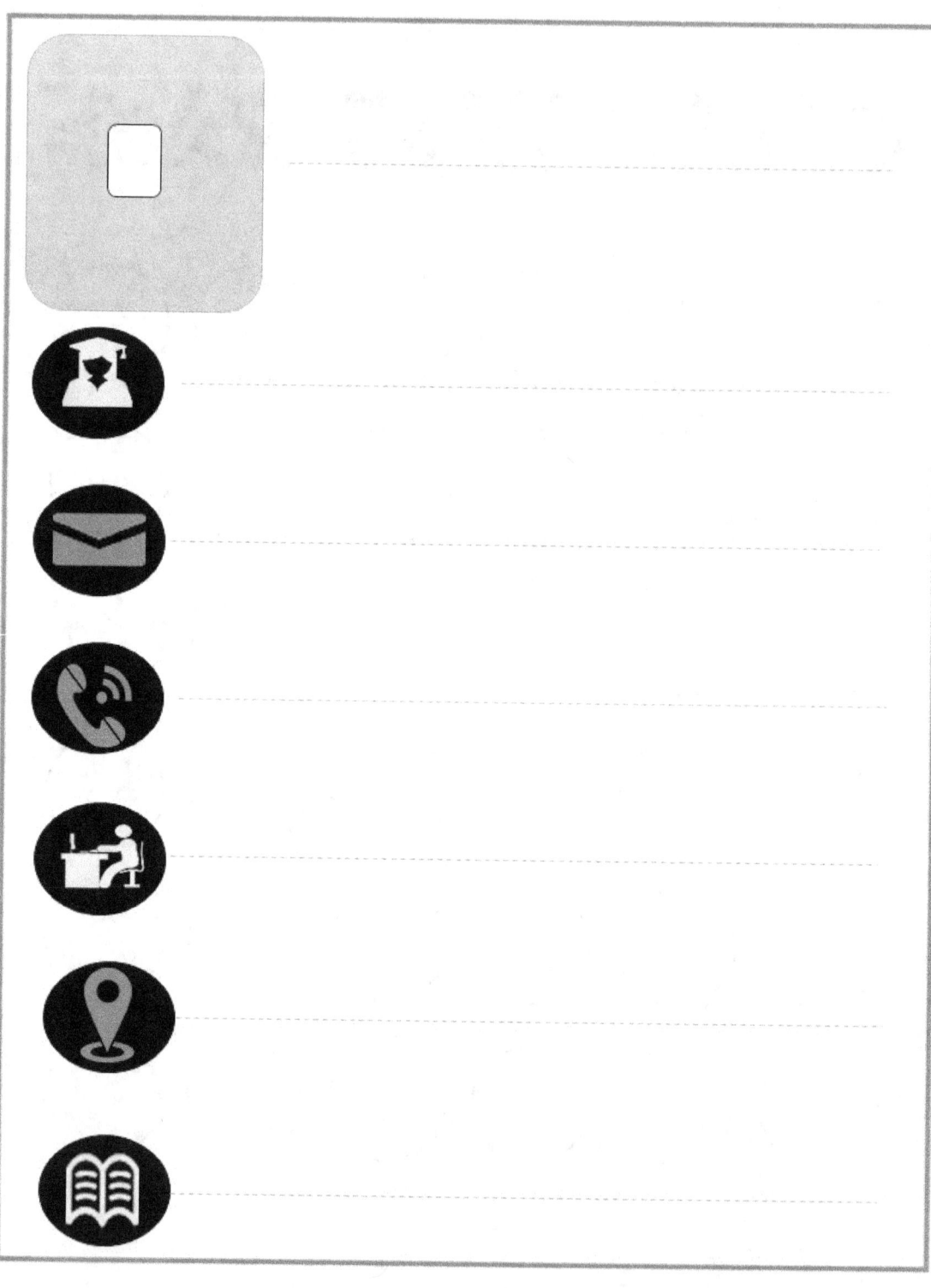

HOW TO PLAY

The game is played on a grid that's 9 squares

- You are X, the other player is O.
- Players take turns putting their marks in empty squares.
- The first player to get 3 of her marks in a row (up, down, across, or diagonally) is the winner.
- When all 9 squares are full, the game is over.

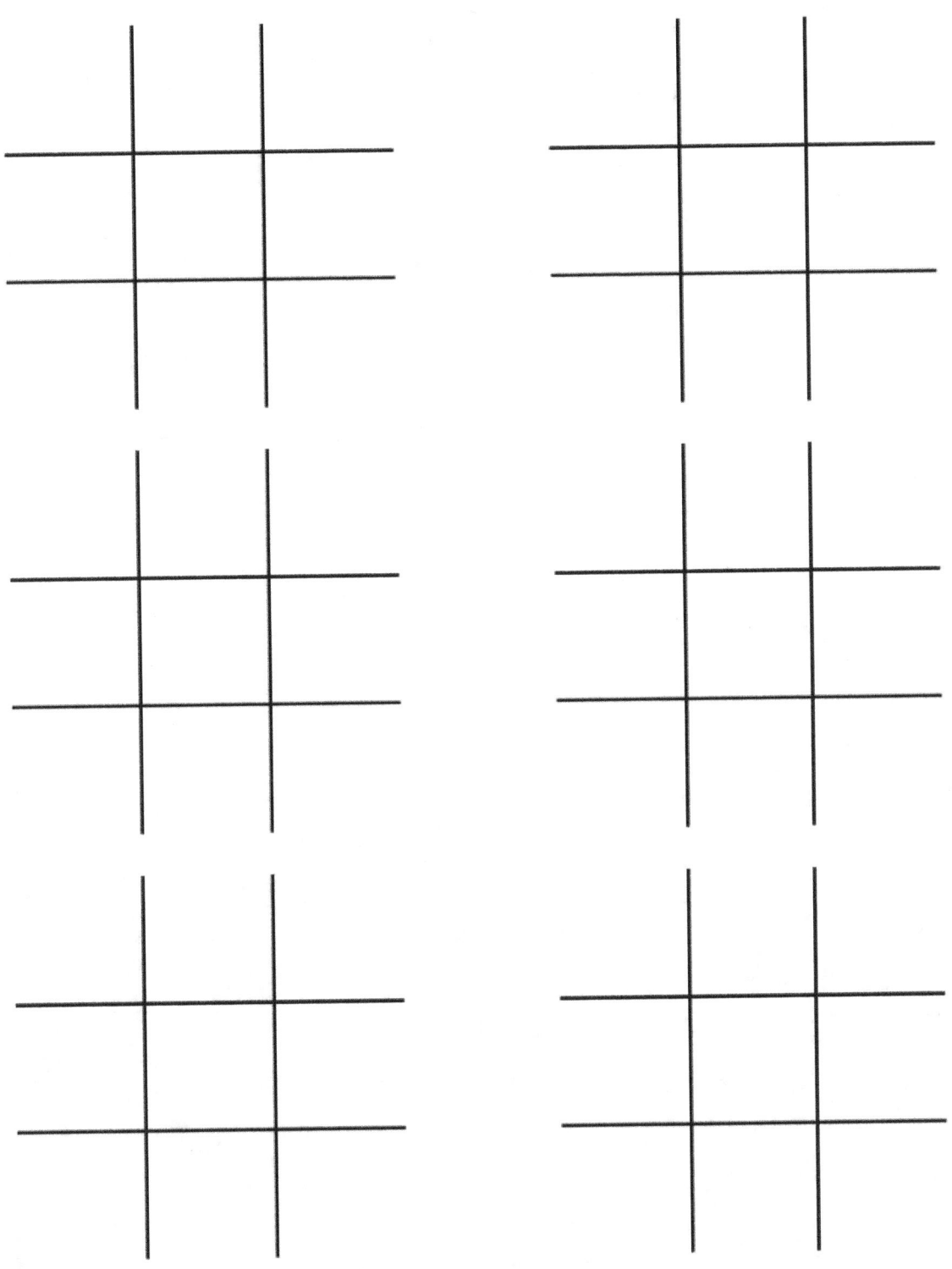

HOW TO PLAY

Tic-Tac-Logic is a single player puzzle based on tic-tac-toe.
Each puzzle consists of a grid containing X's and O's in various places.

The object is to place X or O in the remaining squares so that
1. there are no more than two consecutive X's or O's in a row or column;
2. the number of X's is the same as the number of O's in each row and column; and
3. all rows and all columns are unique.

TIC TAC LOGIC - 1

1		1		0	
	0		0		1
0		0	0		
		0		0	
1	0		0		1
	1			1	0

TIC TAC LOGIC - 2

1	1		1		
	0	1			1
0			0	1	
	0	0		1	0
1			0		
		0	0		1

TIC TAC LOGIC - 3

	0			1	
1		0	1		1
1	1		0		
		1			0
0			1	0	
1	1		1		0

TIC TAC LOGIC - 4

	0	0		0	1
0	1		0		0
		1			
	0	0		1	
			1		0
0		1		0	1

TIC TAC LOGIC - 5

	0			0	1
1		0			0
			0		
	0	1		1	1
	0	0			1
1			0		

TIC TAC LOGIC - 6

0	0		0		1
			0	1	
0	1				1
	0		1		1
1		0		1	
	1		1		0

TIC TAC LOGIC - 7

	1		1		0
		1	0		
0	0			1	1
1	0		1		
				1	0
1		1	0		

TIC TAC LOGIC - 8

1			1	1	
	1	1			1
1	1		1		
			0		1
1		1		1	0
0		0		0	

TIC TAC LOGIC - 9

	1		0		0
0	1		0		1
		1		0	
0		0			1
0	0			0	1
		0	1		

TIC TAC LOGIC - 10

0		1		0	
1	1				0
		1	1		1
0		0		1	
	0				0
1		0		1	0

TIC TAC LOGIC - 11

		0			0
0	1		0	1	
0		1	1		1
	1			0	
		1			0
0			0		

TIC TAC LOGIC - 12

0	1			1	
	1	0			0
0			0		
	0	1		0	1
	0	0			
1			1		0

TIC TAC LOGIC - 13

0	1			0	
1		0		0	1
	0		0		
0		1	0		1
	0			1	
0			0		0

TIC TAC LOGIC - 14

	1			0	
1		1	1		0
0	1		1	1	
	0				1
		0		1	
0	1		0		1

TIC TAC LOGIC - 15

1			1	0	
	1	1			0
1			1		1
	0	1		1	
0			0		
		0		0	1

TIC TAC LOGIC - 16

0		1			1
	0			0	0
1	1		1		0
		0		1	
1		1			0
	1			1	0

TIC TAC LOGIC - 17

0	1			1	
	1	0		0	0
1		1			
	1			1	0
1		1		0	
	0		0		1

TIC TAC LOGIC - 18

	0			1	0
0	1		1		
0		1		0	1
		1	0		0
1				0	
	0		0		1

TIC TAC LOGIC - 19

1		0		0	
	0		0	1	
1			1		1
		0		1	
0	1		0		
1	0			0	1

TIC TAC LOGIC - 20

0		0		0	
	1		0	1	
0		1			
1			1		0
	0	1		0	
1				0	1

TIC TAC LOGIC - 21

0		1	0		1
		0		0	
	1			1	0
0	1		0		1
		1		0	
0		0			0

TIC TAC LOGIC - 22

0	0		0		
	1		0		0
1		0		0	0
	0	1			
			0	1	
1	0		1		0

TIC TAC LOGIC - 23

		0	0		0
0		1		1	
1					0
	0		1		1
0	1		0	1	
0		1			1

TIC TAC LOGIC - 24

0		1		1	
1		1	0		1
	1			0	0
0		0		1	
			1		1
	0	0		1	

TIC TAC LOGIC - 25

0			1	0	
	1				0
0		1	1		1
	1			1	
1		1	1		
	0	1		1	0

TIC TAC LOGIC - 26

1		0	0		
	1			0	1
1		0		1	0
0		0			
	0		0		1
1		1	1		

TIC TAC LOGIC - 27

	0		1		
1		0		0	0
	1	0			0
0			0	1	
		0		0	
0	1		0		0

TIC TAC LOGIC - 28

	0	0			1
0		1	0		
				1	0
	0		1		
1	0				0
0			0	0	

TIC TAC LOGIC - 29

1		0			0
	1		0	0	
		1			0
0	1		0	1	
0		1	1		
	0			1	0

TIC TAC LOGIC - 30

0		1		0	
		1	1		
	1			1	0
0				1	
1		1	0		
	0	0			0

TIC TAC LOGIC - 1

1	0	1	1	0	0
0	0	1	0	1	1
0	1	0	0	1	1
1	1	0	1	0	0
1	0	1	0	0	1
0	1	0	1	1	0

TIC TAC LOGIC - 2

1	1	0	1	0	0
0	0	1	1	0	1
0	1	1	0	1	0
1	0	0	1	1	0
1	0	1	0	0	1
0	1	0	0	1	1

TIC TAC LOGIC - 3

0	0	1	0	1	1
1	0	0	1	0	1
1	1	0	0	1	0
0	1	1	0	1	0
0	0	1	1	0	1
1	1	0	1	0	0

TIC TAC LOGIC - 4

1	0	0	1	0	1
0	1	1	0	1	0
1	0	1	0	0	1
1	0	0	1	1	0
0	1	0	1	1	0
0	1	1	0	0	1

TIC TAC LOGIC - 5

0	0	1	1	0	1
1	1	0	1	0	0
0	1	1	0	1	0
0	0	1	0	1	1
1	0	0	1	0	1
1	1	0	0	1	0

TIC TAC LOGIC - 6

0	0	1	0	1	1
1	0	1	0	1	0
0	1	0	1	0	1
0	0	1	1	0	1
1	1	0	0	1	0
1	1	0	1	0	0

TIC TAC LOGIC - 7

1	1	0	1	0	0
0	1	1	0	1	0
0	0	1	0	1	1
1	0	0	1	0	1
0	1	0	1	1	0
1	0	1	0	0	1

TIC TAC LOGIC - 8

1	0	0	1	1	0
0	1	1	0	0	1
1	1	0	1	0	0
0	0	1	0	1	1
1	0	1	0	1	0
0	1	0	1	0	1

TIC TAC LOGIC - 9

1	1	0	0	1	0
0	1	1	0	0	1
1	0	1	1	0	0
0	1	0	0	1	1
0	0	1	1	0	1
1	0	0	1	1	0

TIC TAC LOGIC - 10

0	1	1	0	0	1
1	1	0	0	1	0
0	0	1	1	0	1
0	1	0	0	1	1
1	0	1	1	0	0
1	0	0	1	1	0

TIC TAC LOGIC - 11

1	0	0	1	1	0
0	1	0	0	1	1
0	0	1	1	0	1
1	1	0	1	0	0
1	0	1	0	1	0
0	1	1	0	0	1

TIC TAC LOGIC - 12

0	1	0	0	1	1
1	1	0	1	0	0
0	0	1	0	1	1
0	0	1	1	0	1
1	1	0	0	1	0
1	0	1	1	0	0

TIC TAC LOGIC - 13

0	1	0	1	0	1
1	0	0	1	0	1
1	0	1	0	1	0
0	1	1	0	0	1
1	0	0	1	1	0
0	1	1	0	1	0

TIC TAC LOGIC - 14

0	1	1	0	0	1
1	0	1	1	0	0
0	1	0	1	1	0
1	0	1	0	0	1
1	0	0	1	1	0
0	1	0	0	1	1

TIC TAC LOGIC - 15

1	0	1	1	0	0
0	1	1	0	1	0
1	0	0	1	0	1
1	0	1	0	1	0
0	1	0	0	1	1
0	1	0	1	0	1

TIC TAC LOGIC - 16

0	0	1	0	1	1
1	0	1	0	0	1
1	1	0	1	0	0
0	1	0	0	1	1
1	0	1	1	0	0
0	1	0	1	1	0

TIC TAC LOGIC - 17

0	1	0	0	1	1
1	1	0	1	0	0
1	0	1	0	0	1
0	1	0	1	1	0
1	0	1	1	0	0
0	0	1	0	1	1

TIC TAC LOGIC - 18

1	0	0	1	1	0
0	1	0	1	0	1
0	1	1	0	0	1
1	0	1	0	1	0
1	1	0	1	0	0
0	0	1	0	1	1

TIC TAC LOGIC - 19

1	1	0	1	0	0
0	0	1	0	1	1
1	0	0	1	0	1
0	1	0	1	1	0
0	1	1	0	1	0
1	0	1	0	0	1

TIC TAC LOGIC - 20

0	1	0	1	0	1
1	1	0	0	1	0
0	0	1	0	1	1
1	1	0	1	0	0
0	0	1	1	0	1
1	0	1	0	1	0

TIC TAC LOGIC - 21

0	0	1	0	1	1
1	0	0	1	0	1
1	1	0	0	1	0
0	1	1	0	0	1
1	0	1	1	0	0
0	1	0	1	1	0

TIC TAC LOGIC - 22

0	0	1	0	1	1
1	1	0	0	1	0
1	1	0	1	0	0
0	0	1	1	0	1
0	1	0	0	1	1
1	0	1	1	0	0

TIC TAC LOGIC - 23

1	1	0	0	1	0
0	0	1	0	1	1
1	1	0	1	0	0
1	0	0	1	0	1
0	1	1	0	1	0
0	0	1	1	0	1

TIC TAC LOGIC - 24

0	1	1	0	1	0
1	0	1	0	0	1
1	1	0	1	0	0
0	1	0	0	1	1
0	0	1	1	0	1
1	0	0	1	1	0

TIC TAC LOGIC - 25

0	1	0	1	0	1
1	1	0	0	1	0
0	0	1	1	0	1
0	1	0	0	1	1
1	0	1	1	0	0
1	0	1	0	1	0

TIC TAC LOGIC - 26

1	1	0	0	1	0
0	1	1	0	0	1
1	0	0	1	1	0
0	1	0	1	0	1
0	0	1	0	1	1
1	0	1	1	0	0

TIC TAC LOGIC - 27

0	0	1	1	0	1
1	1	0	1	0	0
1	1	0	0	1	0
0	0	1	0	1	1
1	0	0	1	0	1
0	1	1	0	1	0

TIC TAC LOGIC - 28

1	0	0	1	0	1
0	1	1	0	1	0
1	1	0	0	1	0
0	0	1	1	0	1
1	0	0	1	1	0
0	1	1	0	0	1

TIC TAC LOGIC - 29

1	1	0	0	1	0
0	1	1	0	0	1
1	0	1	1	0	0
0	1	0	0	1	1
0	0	1	1	0	1
1	0	0	1	1	0

TIC TAC LOGIC - 30

0	1	1	0	0	1
1	0	1	1	0	0
0	1	0	1	1	0
0	1	0	0	1	1
1	0	1	0	0	1
1	0	0	1	1	0

HOW TO PLAY

Each puzzle consists of a grid containing clues in various places. The object is to create islands by partitioning between clues with walls so

- Each island contains exactly one clue.
- The number of squares in each island equals the value of the clue.
- All islands are isolated from each other horizontally and vertically.
- There are no wall areas of 2x2 or larger.
- When completed, all walls form a continuous path.

NURIKABE - 1

			4		
		2			
10					
		1			
				2	

NURIKABE - 2

	2				1
				2	
	3				
			2		
1				4	

NURIKABE - 3

					1
8			2		
		2			
			4		

NURIKABE - 4

					4
5			1		
		1			
		1			3

NURIKABE - 5

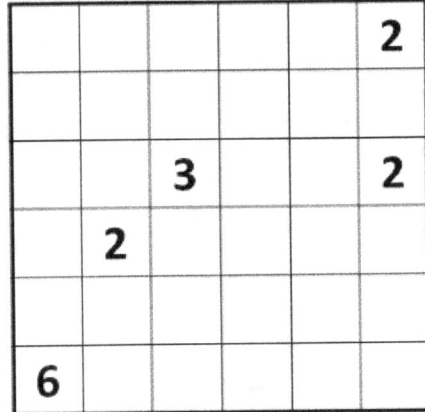

					2
		3			2
	2				
6					

NURIKABE - 6

			2		
4					
	2				
			1		
		10			

NURIKABE - 7

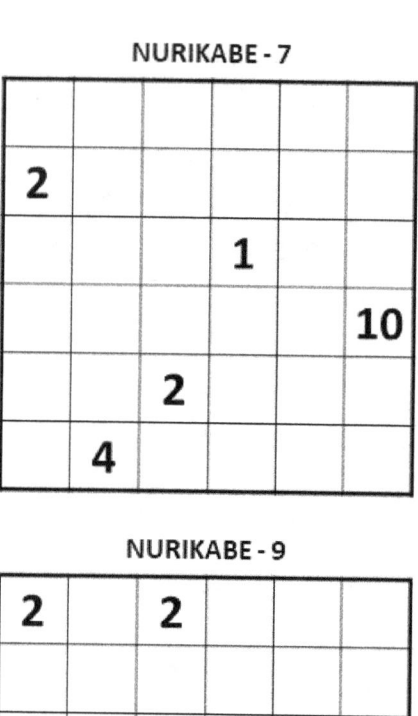

NURIKABE - 8

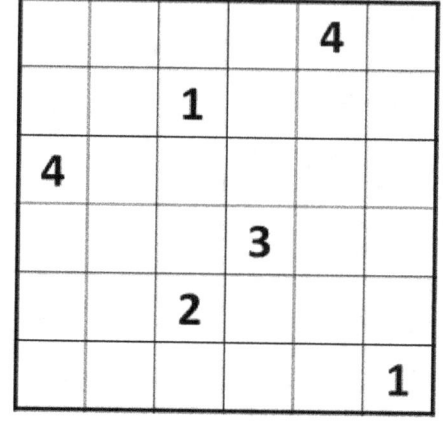

NURIKABE - 9

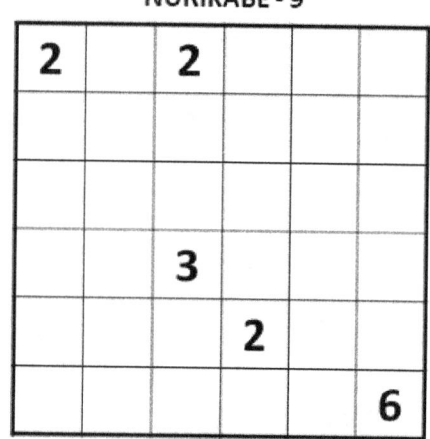

NURIKABE - 10

NURIKABE - 11

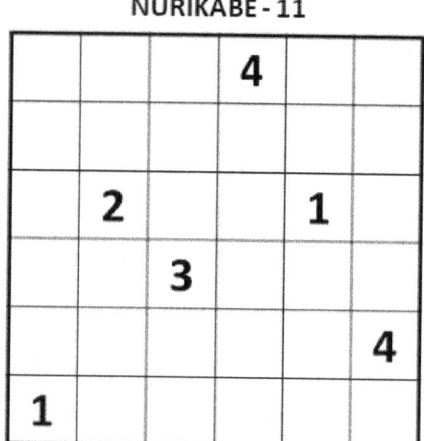

NURIKABE - 12

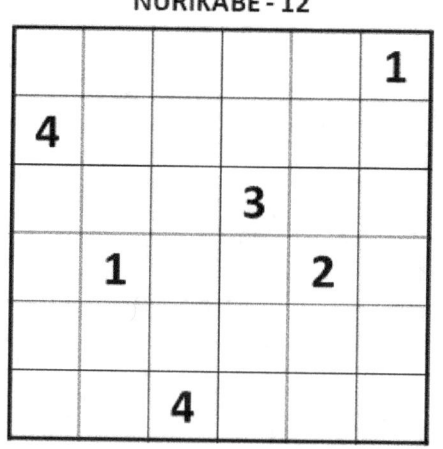

NURIKABE - 13

1					
			2		
		3			
				2	
		2			
1					1

NURIKABE - 14

				8	
		2			
4				2	
					1

NURIKABE - 15

				4	
			2		
10					
		1			
					2

NURIKABE - 16

					1
			3		
	8			2	
		1			1

NURIKABE - 17

	3				4
				1	
		1			
	1				
				5	

NURIKABE - 18

					6
					5
2					3

NURIKABE - 19

					1
			3		
	8			2	
		1			1

NURIKABE - 20

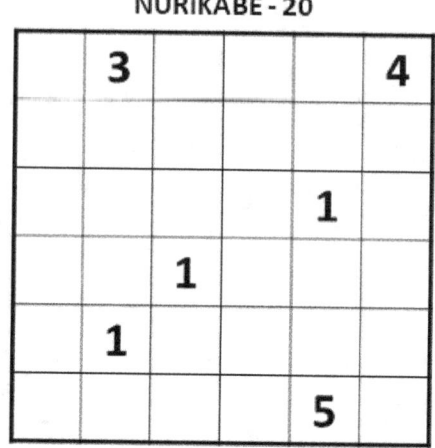

NURIKABE - 21

1					1
		2			
				3	
1					
		8			

NURIKABE - 22

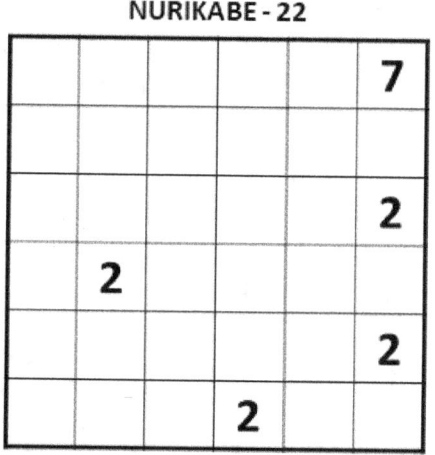

NURIKABE - 23

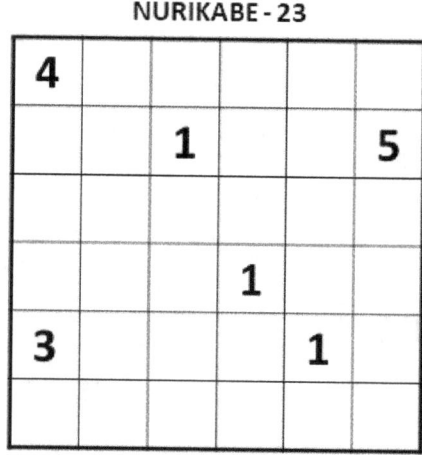

NURIKABE - 24

NURIKABE - 25

					1
		2			
			3		
	2				
			2		
1					1

NURIKABE - 26

1				2	
	2				
				3	
		2			
	4				1

NURIKABE - 27

					1
		2			
			3		
	2				
			2		
1					1

NURIKABE - 28

					1
			2		
	2				
		3		2	
1					1

NURIKABE - 29

					1
4				2	
	2				
		3			2
1					

NURIKABE - 30

2					3
					5
					6

NURIKABE - 1 (Solution)

*	*	■	4	*
*	*	■	2	*
10	■	■	*	*
*	■	1	■	■
*	■	■	*	2
*	*	*	■	■

NURIKABE - 2 (Solution)

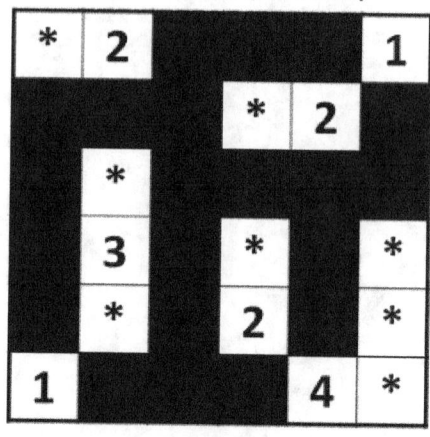

NURIKABE - 3 (Solution)

*	*	■	■	1
8	*	2	*	■
*	■	■	■	■
*	■	*	■	*
*	■	2	■	*
*	■	■	4	*

NURIKABE - 4 (Solution)

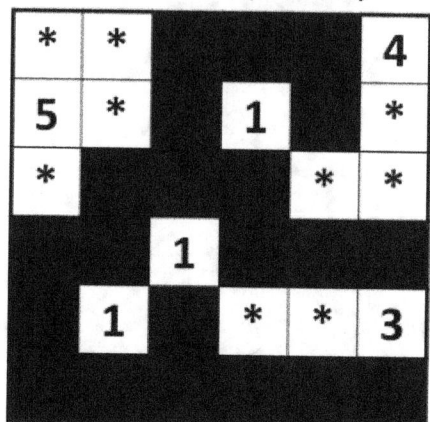

NURIKABE - 5 (Solution)

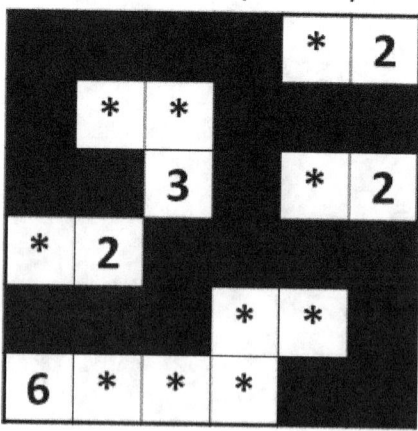

NURIKABE - 6 (Solution)

*	*	*	■	2	■
4	■	■	■	*	■
■	2	*	■	■	■
■	■	■	1	■	*
*	*	■	■	■	*
*	*	10	*	*	*

NURIKABE - 7 (Solution)

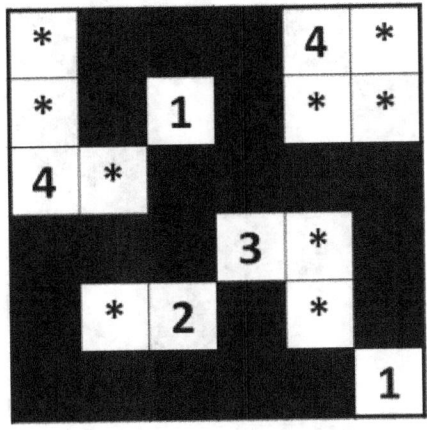

NURIKABE - 8 (Solution)

NURIKABE - 9 (Solution)

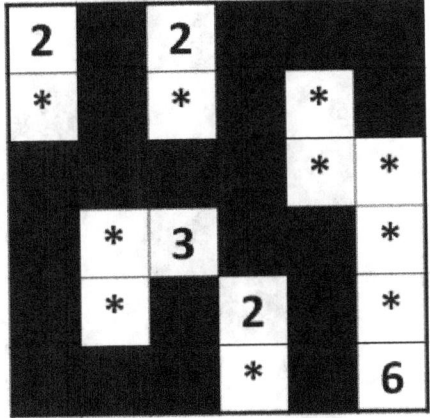

NURIKABE - 10 (Solution)

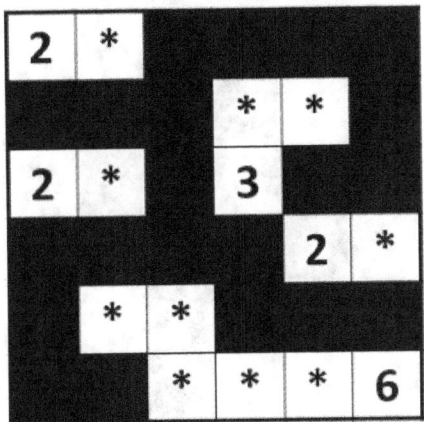

NURIKABE - 11 (Solution)

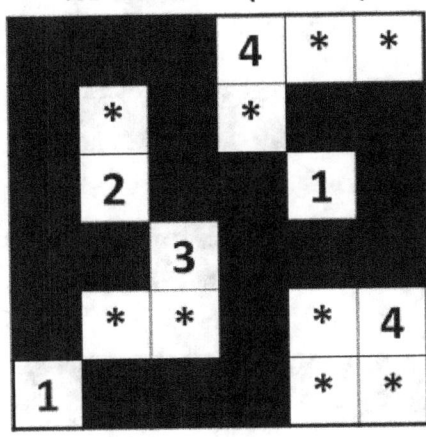

NURIKABE - 12 (Solution)

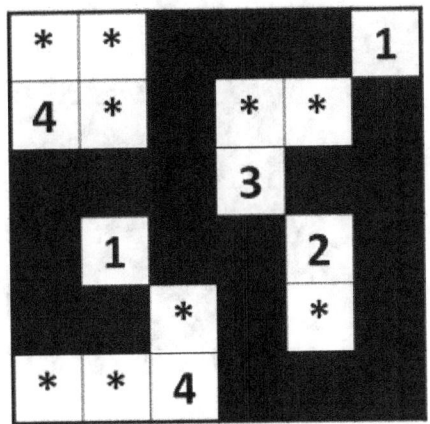

NURIKABE - 13 (Solution)

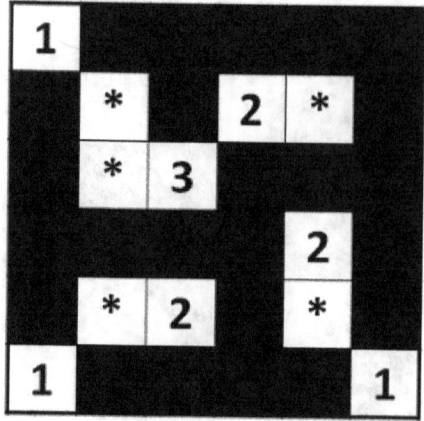

NURIKABE - 14 (Solution)

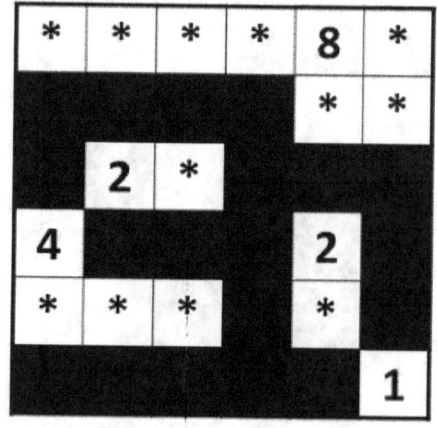

NURIKABE - 15 (Solution)

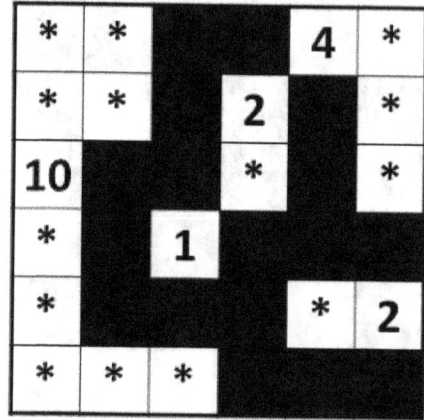

NURIKABE - 16 (Solution)

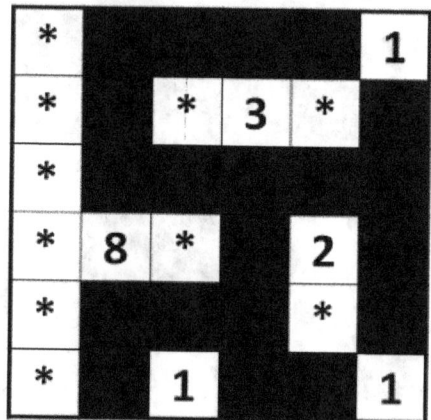

NURIKABE - 17 (Solution)

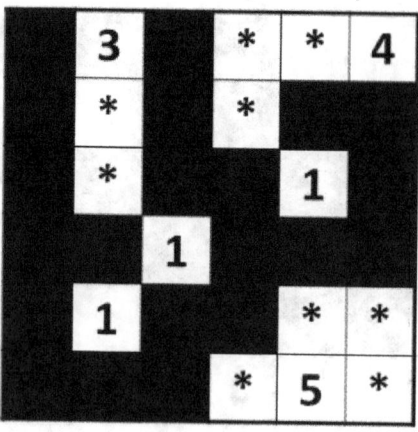

NURIKABE - 18 (Solution)

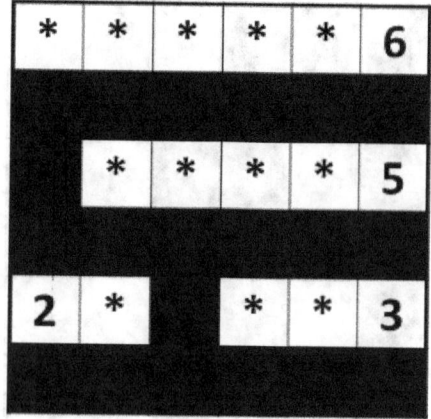

NURIKABE - 19 (Solution)

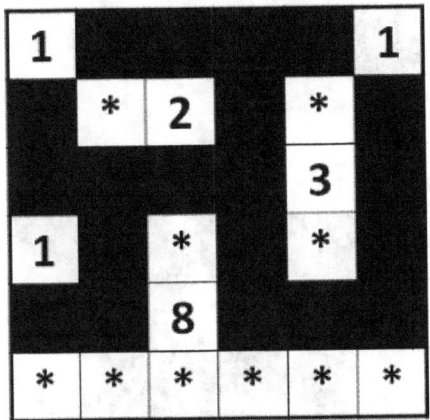

NURIKABE - 20 (Solution)

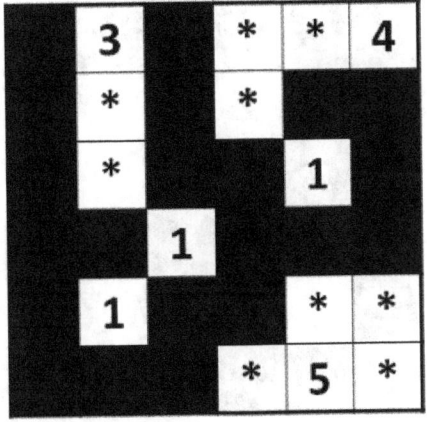

NURIKABE - 21 (Solution)

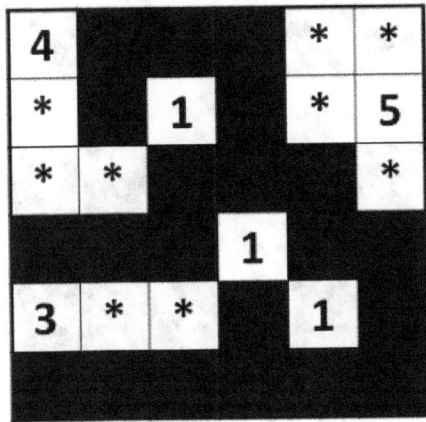

NURIKABE - 22 (Solution)

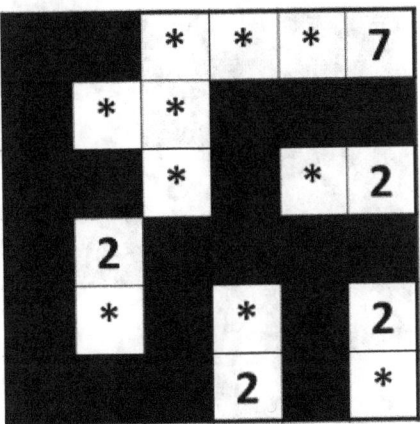

NURIKABE - 23 (Solution)

NURIKABE - 24 (Solution)

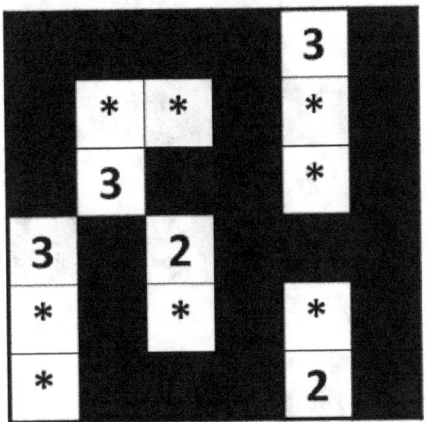

NURIKABE - 25 (Solution)

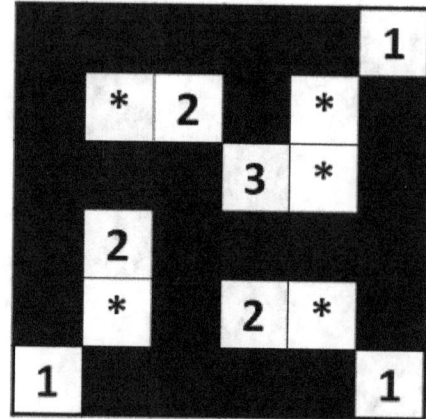

NURIKABE - 26 (Solution)

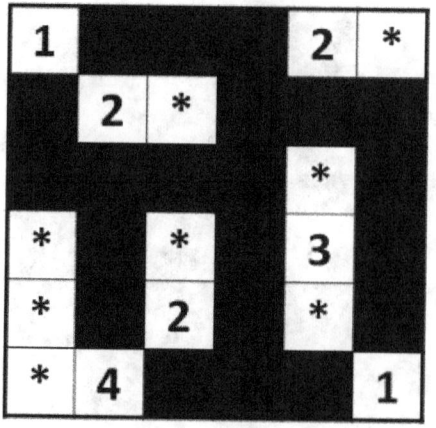

NURIKABE - 27 (Solution)

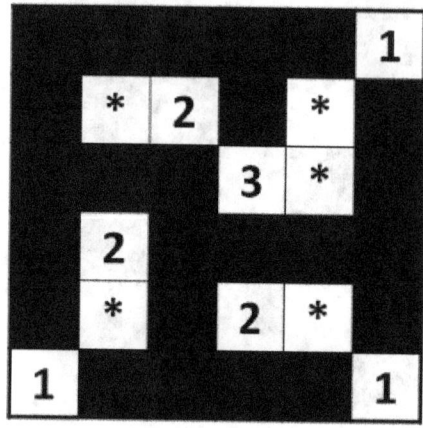

NURIKABE - 28 (Solution)

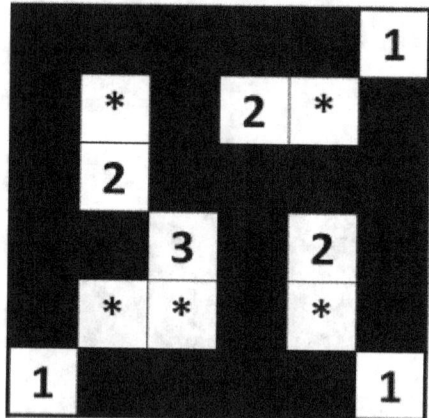

NURIKABE - 29 (Solution)

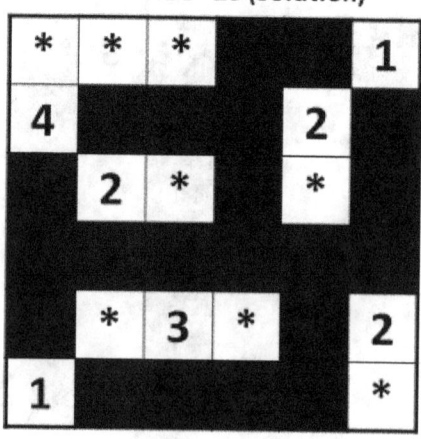

NURIKABE - 30 (Solution)

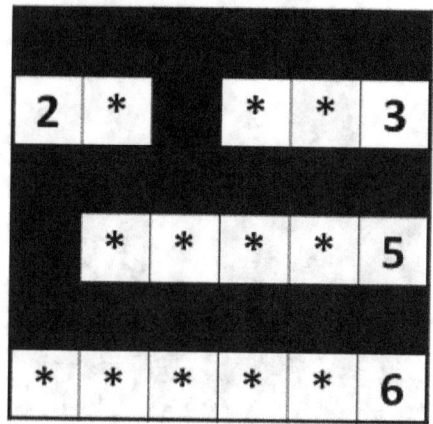

HOW TO PLAY

Each puzzle consists of a grid containing clues in various places. The object is to create islands by partitioning between clues with walls so

- Each island contains exactly one clue.
- The number of squares in each island equals the value of the clue.
- All islands are isolated from each other horizontally and vertically.
- There are no wall areas of 2x2 or larger.
- When completed, all walls form a continuous path.

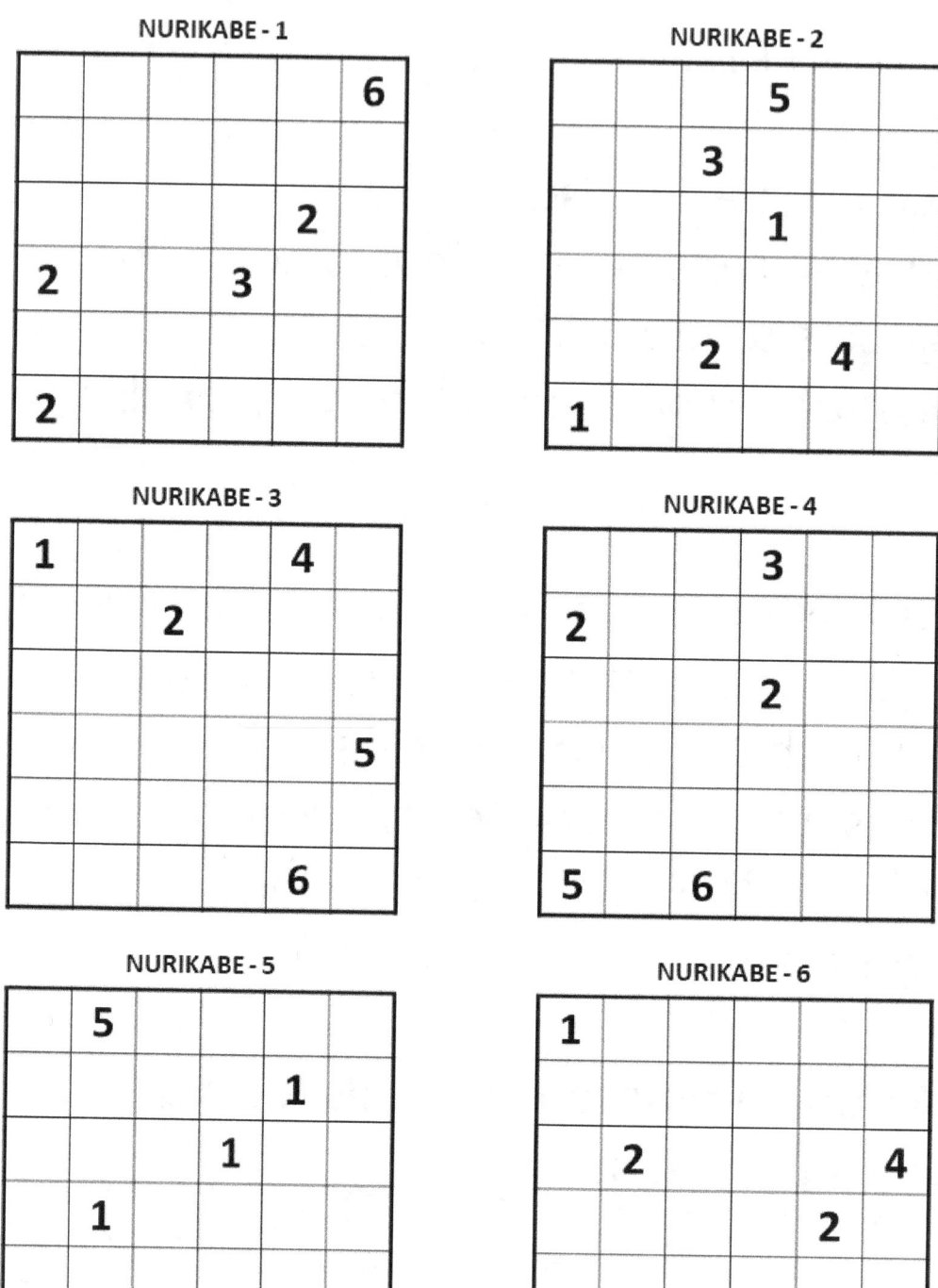

NURIKABE - 7

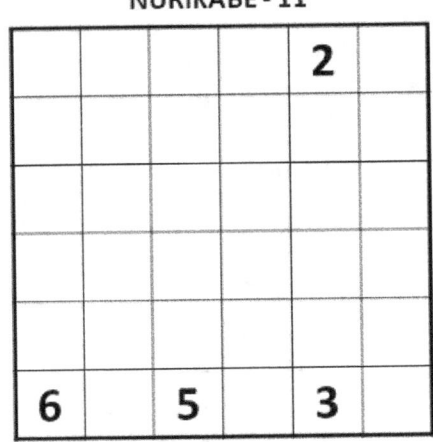

NURIKABE - 8

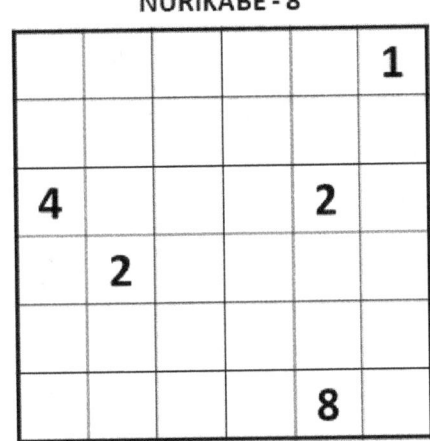

NURIKABE - 9

NURIKABE - 10

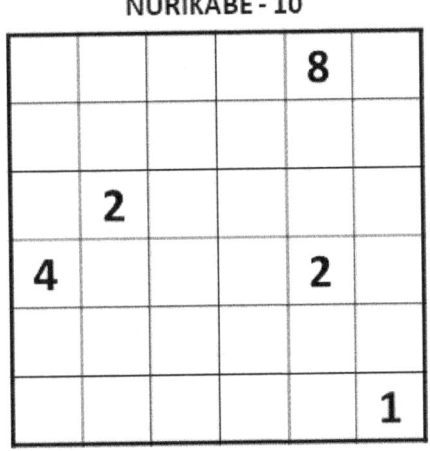

NURIKABE - 11

NURIKABE - 12

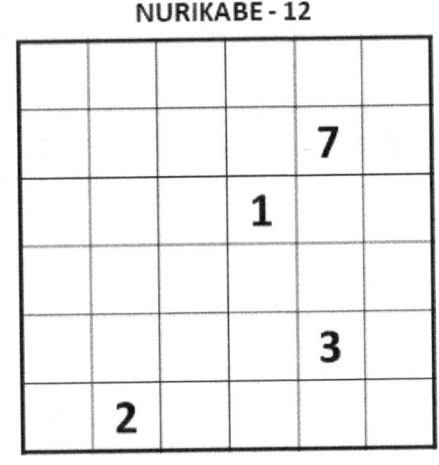

NURIKABE - 13

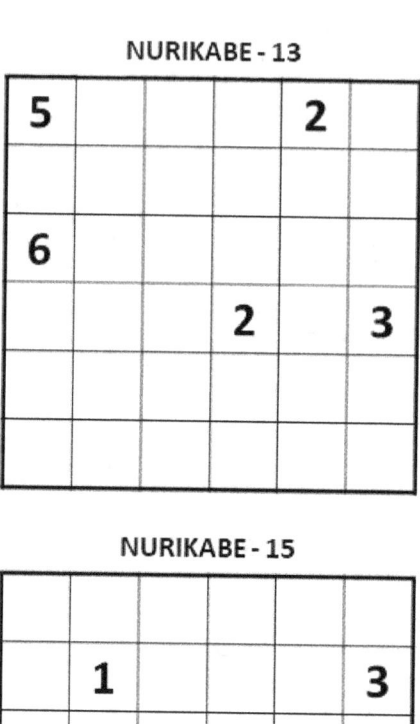

5				2	
6					
			2		3

NURIKABE - 14

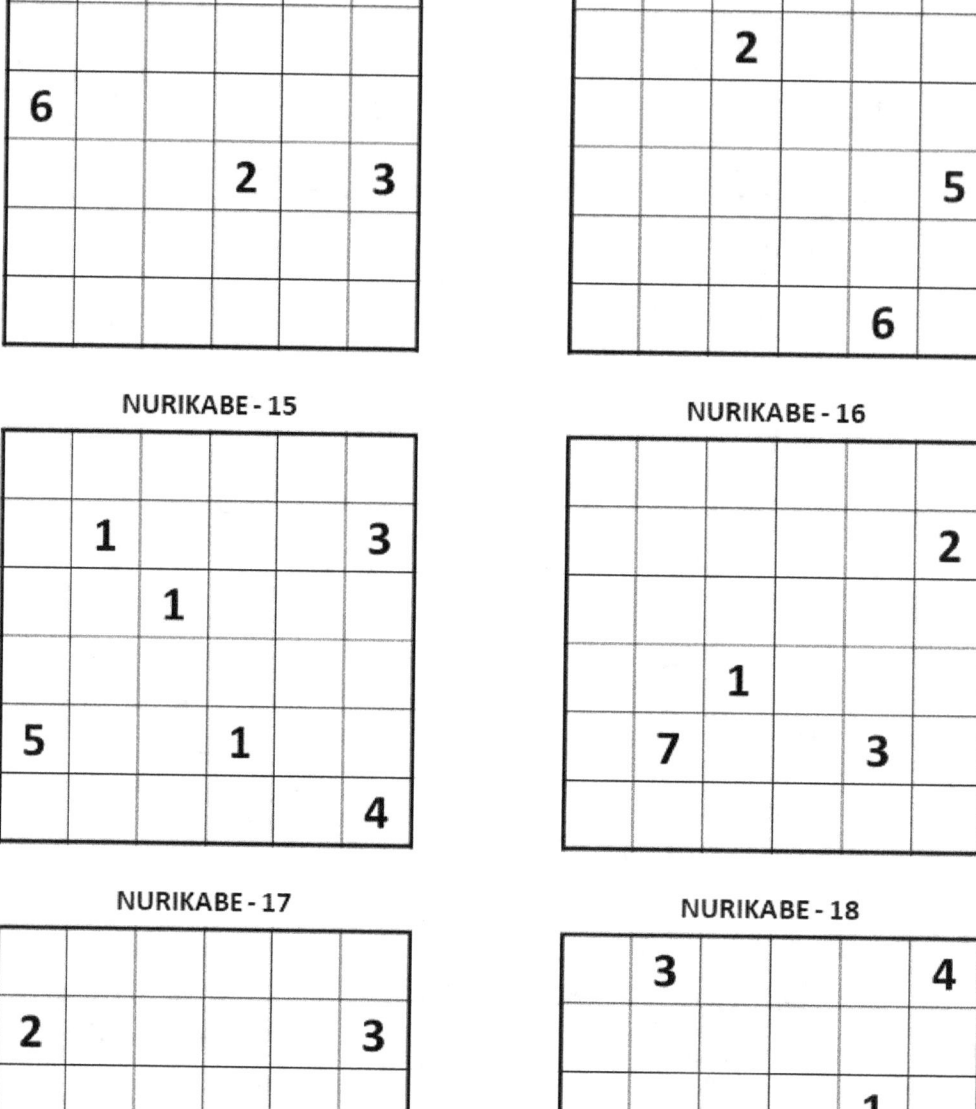

1				4	
		2			
					5
				6	

NURIKABE - 15

	1				3
		1			
5			1		
					4

NURIKABE - 16

					2
		1			
	7			3	

NURIKABE - 17

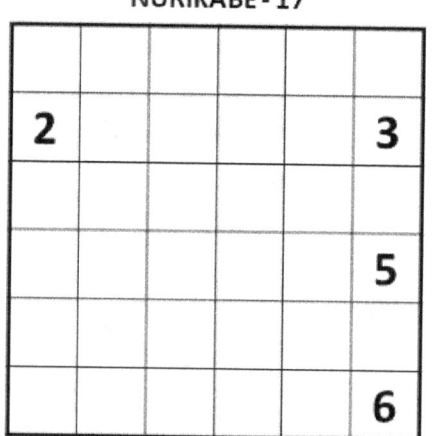

2					3
					5
					6

NURIKABE - 18

	3				4
				1	
		1			
	1				
				5	

NURIKABE - 19

6					
	2				
		3			2
					2

NURIKABE - 20

1					
		3			
	2			8	
1			1		

NURIKABE - 21

	3		5		6
	2				

NURIKABE - 22

3					
		2			
2					3
		2			
1				2	

NURIKABE - 23

					1
			2		
	2				
		3		2	
1					1

NURIKABE - 24

				4	
5		1			
	3			2	
					1

NURIKABE - 25

6		5		3	
				2	

NURIKABE - 26

		3			
					2
	2				
				2	
3		2			1

NURIKABE - 27

					6
					5
2					3

NURIKABE - 28

		5			
6					4
			2		
					1

NURIKABE - 29

		8			
					1
	3				
		2			
1					1

NURIKABE - 30

			2		3
6					
5			2		

NURIKABE - 1 (Solution)

■	■	*	*	*	6
■	*	*	■	■	■
■	■	■	■	2	*
2	*	■	3	■	■
■	■	■	*	*	■
2	*	■	■	■	■

NURIKABE - 2 (Solution)

■	■	■	5	*	*
■	*	3	■	■	*
■	*	■	1	■	*
■	■	■	■	■	■
■	*	2	■	4	*
1	■	■	■	*	*

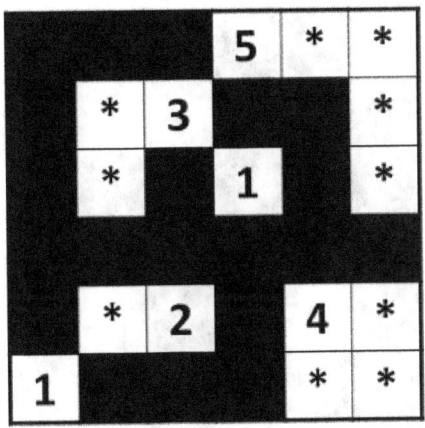

NURIKABE - 3 (Solution)

1	■	■	■	4	*
■	*	2	■	*	*
■	■	■	■	■	■
■	*	*	*	*	5
■	■	■	■	■	■
*	*	*	*	6	*

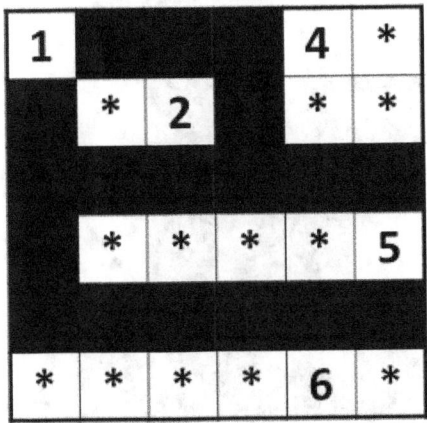

NURIKABE - 4 (Solution)

■	■	■	3	*	*
2	*	■	■	■	■
■	■	■	2	*	■
*	*	*	■	■	■
*	■	■	■	*	*
5	■	6	*	*	*

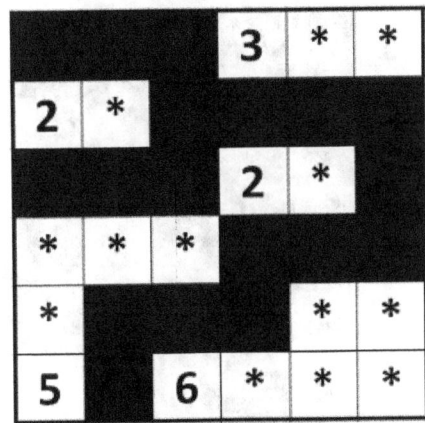

NURIKABE - 5 (Solution)

*	5	*	■	■	■
*	*	■	■	■	1
■	■	■	1	■	■
■	1	■	■	■	*
■	■	*	■	■	*
4	*	*	■	3	■

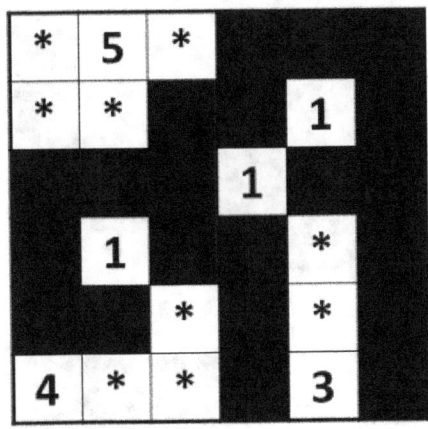

NURIKABE - 6 (Solution)

1	■	■	■	■	■
■	*	■	*	*	*
■	2	■	■	■	4
■	■	*	2	■	■
*	*	■	■	■	■
*	8	*	*	*	*

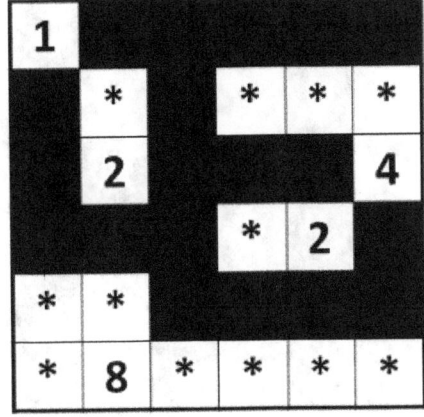

NURIKABE - 7 (Solution)

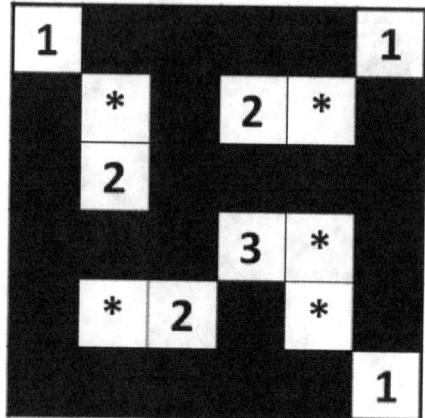

NURIKABE - 8 (Solution)

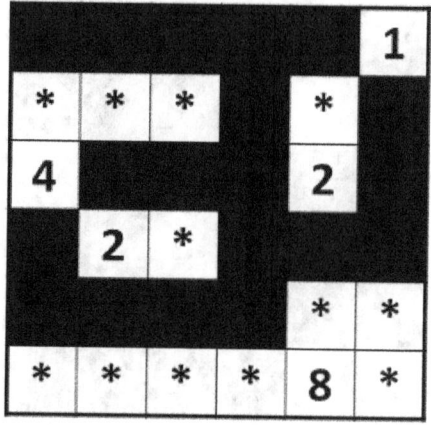

NURIKABE - 9 (Solution)

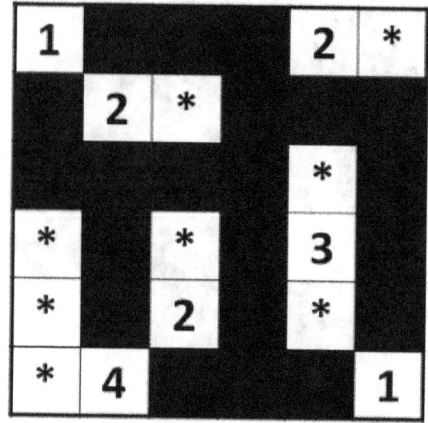

NURIKABE - 10 (Solution)

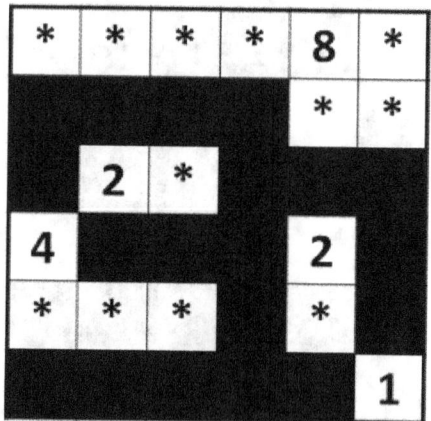

NURIKABE - 11 (Solution)

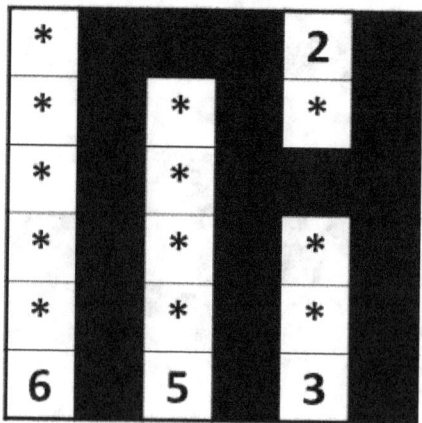

NURIKABE - 12 (Solution)

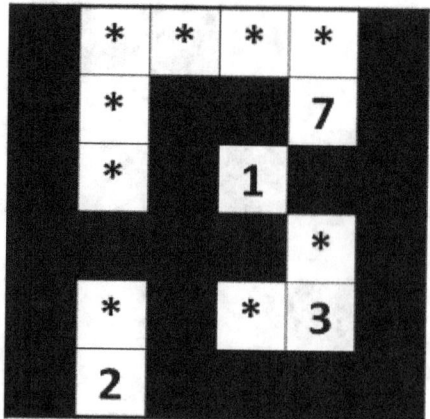

NURIKABE - 13 (Solution)

NURIKABE - 14 (Solution)

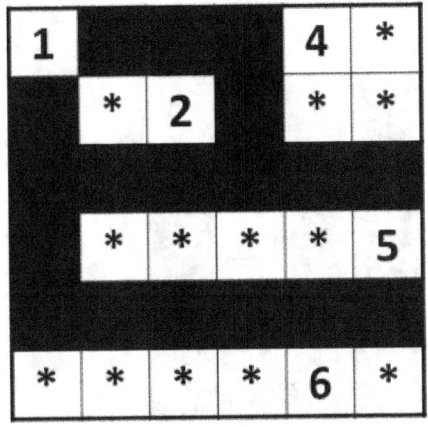

NURIKABE - 15 (Solution)

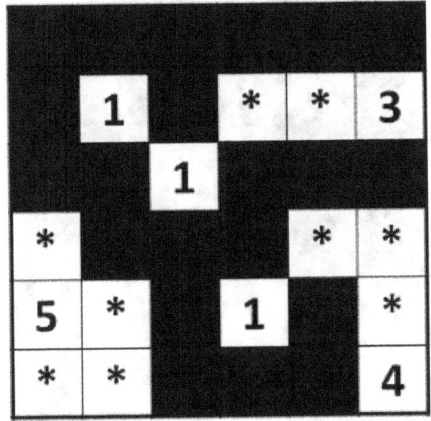

NURIKABE - 16 (Solution)

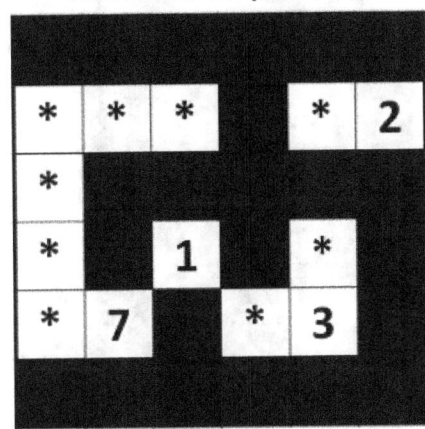

NURIKABE - 17 (Solution)

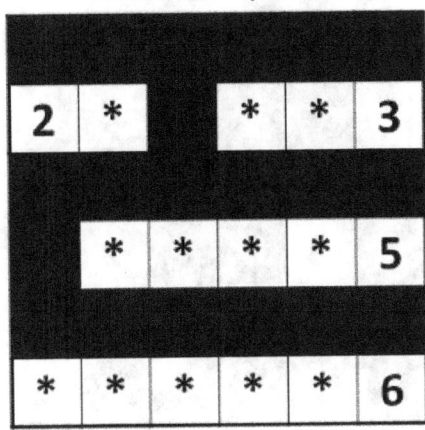

NURIKABE - 18 (Solution)

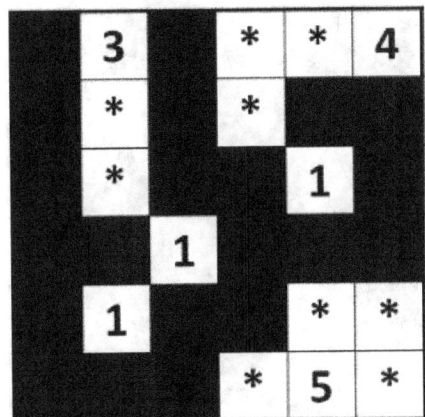

NURIKABE - 19 (Solution)

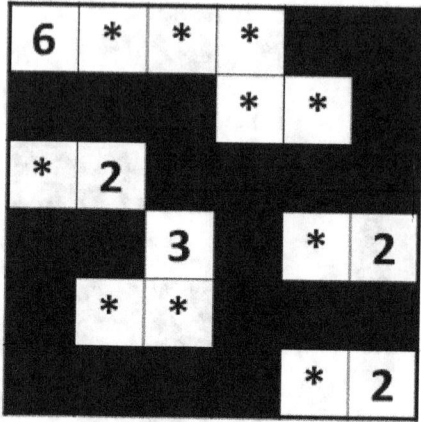

NURIKABE - 20 (Solution)

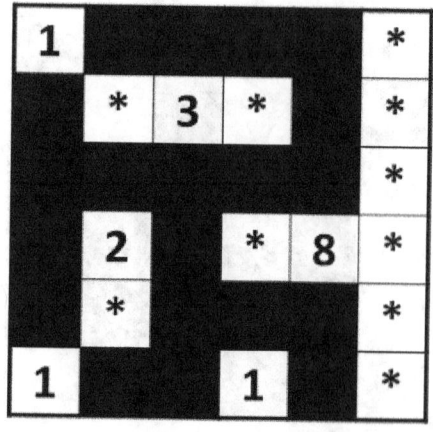

NURIKABE - 21 (Solution)

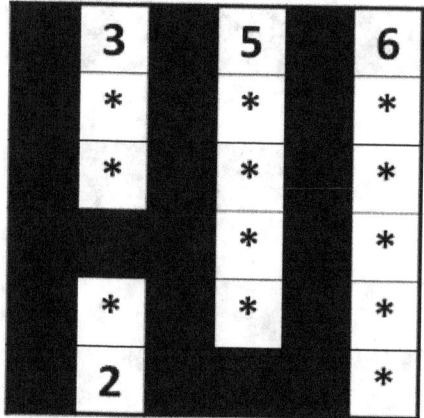

NURIKABE - 22 (Solution)

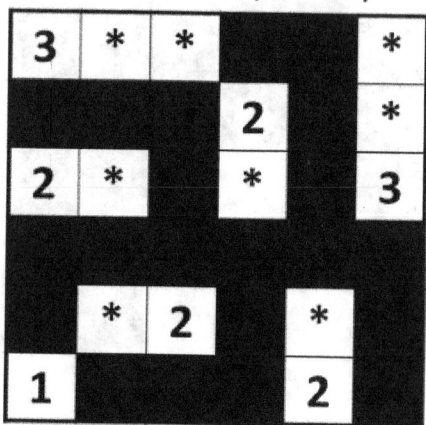

NURIKABE - 23 (Solution)

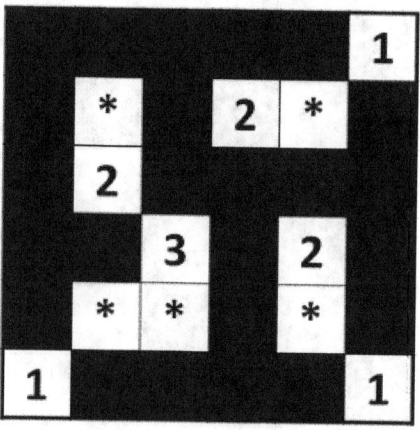

NURIKABE - 24 (Solution)

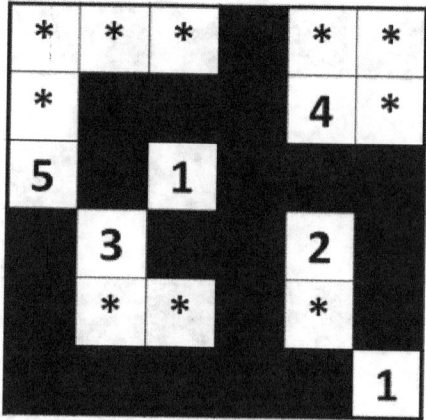

NURIKABE - 25 (Solution)

NURIKABE - 26 (Solution)

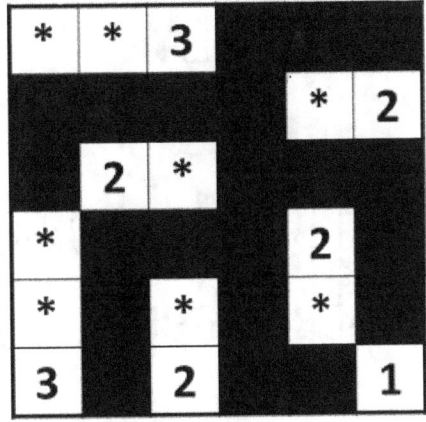

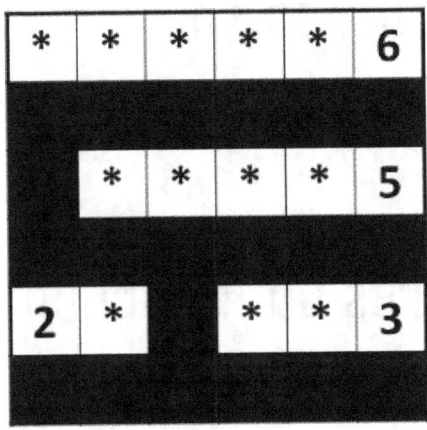

NURIKABE - 27 (Solution)

NURIKABE - 28 (Solution)

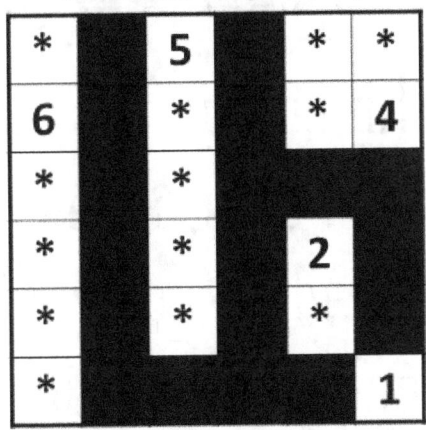

NURIKABE - 29 (Solution)

NURIKABE - 30 (Solution)

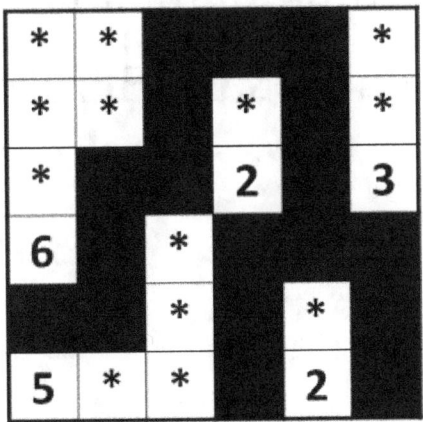

HOW TO PLAY

Each puzzle consists of a square grid with numbers appearing in all squares.

The object is to shade squares so
- No number appears in a row or column more than once.
- Shaded (colored) squares do not touch each other vertically or horizontally.
- When completed, all un-shaded (white) squares create a single continuous area.

HITORI - 1

2	1	3	1
4	1	1	2
3	2	4	1
1	4	1	3

HITORI - 2

2	1	1	4
4	4	2	3
4	3	4	2
4	2	4	1

HITORI - 3

3	4	1	3
3	2	1	4
3	1	3	2
2	3	4	1

HITORI - 4

3	2	4	2
4	2	3	2
1	4	1	3
1	3	3	4

HITORI - 5

4	3	1	2
3	4	2	1
3	1	3	1
1	2	4	3

HITORI - 6

3	4	2	4
4	2	1	3
1	2	4	2
2	1	3	1

HITORI - 7

4	2	3	3
2	3	4	2
2	4	1	1
4	1	2	4

HITORI - 8

4	2	3	3
2	3	4	2
2	4	1	1
4	1	2	4

HITORI - 9

1	4	2	2
4	2	1	3
4	3	4	1
3	1	2	4

HITORI - 10

4	4	1	2
2	1	3	3
3	4	2	1
2	2	4	4

HITORI - 11

2	1	4	3
3	2	1	1
1	4	2	2
3	3	2	1

HITORI - 12

3	1	4	2
3	2	3	4
4	2	2	1
2	4	1	3

HITORI - 13

3	4	1	2
2	2	4	1
1	3	2	4
4	2	1	1

HITORI - 14

2	1	3	4
3	1	2	1
1	2	4	1
3	3	1	2

HITORI - 15

1	3	1	2
2	1	3	4
1	4	2	3
2	2	1	1

HITORI - 16

4	3	2	1
3	2	1	1
4	4	3	2
2	1	2	3

HITORI - 17

3	4	2	1
3	2	3	1
4	3	1	2
1	1	1	3

HITORI - 18

3	3	4	1
2	3	4	4
1	4	2	3
2	1	2	2

HITORI - 19

2	1	4	3
4	2	1	2
4	3	3	1
4	4	3	2

HITORI - 20

4	1	3	3
1	3	2	3
2	3	4	1
3	2	1	1

HITORI - 21

4	3	2	4
4	2	2	1
2	2	1	3
3	1	4	3

HITORI - 22

4	2	3	1
2	4	3	3
3	1	4	2
1	1	2	1

HITORI - 23

1	3	2	1
2	1	4	3
2	4	4	2
4	2	3	1

HITORI - 24

2	2	4	4
1	3	2	4
3	4	1	4
4	2	3	1

HITORI - 25

2	1	1	4
1	3	4	2
1	4	2	2
4	2	1	3

HITORI - 26

1	3	2	3
4	1	1	2
2	3	4	1
1	2	3	4

HITORI - 27

3	1	2	2
1	1	4	3
3	3	1	1
2	4	3	1

HITORI - 28

3	1	2	1
4	3	4	1
1	4	3	2
4	2	4	3

HITORI - 29

3	4	3	1
3	2	4	3
4	2	3	2
2	3	1	1

HITORI - 30

3	2	2	4
1	3	2	3
2	3	4	1
4	1	3	3

HITORI - 1 (Solution)

2	1	3	1
4	1	1	2
3	2	4	1
1	4	1	3

HITORI - 2 (Solution)

2	1	1	4
4	4	2	3
4	3	4	2
4	2	4	1

HITORI - 3 (Solution)

3	4	1	3
3	2	1	4
3	1	3	2
2	3	4	1

HITORI - 4 (Solution)

3	2	4	2
4	2	3	2
1	4	1	3
1	3	3	4

HITORI - 5 (Solution)

4	3	1	2
3	4	2	1
3	1	3	1
1	2	4	3

HITORI - 6 (Solution)

3	4	2	4
4	2	1	3
1	2	4	2
2	1	3	1

HITORI - 7 (Solution)

4	2	3	3
2	3	4	2
2	4	1	1
4	1	2	4

HITORI - 8 (Solution)

4	2	3	3
2	3	4	2
2	4	1	1
4	1	2	4

HITORI - 9 (Solution)

1	4	2	2
4	2	1	3
4	3	4	1
3	1	2	4

HITORI - 10 (Solution)

4	4	1	2
2	1	3	3
3	4	2	1
2	2	4	4

HITORI - 11 (Solution)

2	1	4	3
3	2	1	1
1	4	2	2
3	3	2	1

HITORI - 12 (Solution)

3	1	4	2
3	2	3	4
4	2	2	1
2	4	1	3

HITORI - 13 (Solution)

3	4	1	2
2	2	4	1
1	3	2	4
4	2	1	1

HITORI - 14 (Solution)

2	1	3	4
3	1	2	1
1	2	4	1
3	3	1	2

HITORI - 15 (Solution)

1	3	1	2
2	1	3	4
1	4	2	3
2	2	1	1

HITORI - 16 (Solution)

4	3	2	1
3	2	1	1
4	4	3	2
2	1	2	3

HITORI - 17 (Solution)

3	4	2	1
3	2	3	1
4	3	1	2
1	1	1	3

HITORI - 18 (Solution)

3	3	4	1
2	3	4	4
1	4	2	3
2	1	2	2

HITORI - 19 (Solution)

2	1	4	3
4	2	1	2
4	3	3	1
4	4	3	2

HITORI - 20 (Solution)

4	1	3	3
1	3	2	3
2	3	4	1
3	2	1	1

HITORI - 21 (Solution)

4	3	2	4
4	2	2	1
2	2	1	3
3	1	4	3

HITORI - 22 (Solution)

4	2	3	1
2	4	3	3
3	1	4	2
1	1	2	1

HITORI - 23 (Solution)

1	3	2	1
2	1	4	3
2	4	4	2
4	2	3	1

HITORI - 24 (Solution)

2	2	4	4
1	3	2	4
3	4	1	4
4	2	3	1

HITORI - 25 (Solution)

2	1	1	4
1	3	4	2
1	4	2	2
4	2	1	3

HITORI - 26 (Solution)

1	3	2	3
4	1	1	2
2	3	4	1
1	2	3	4

HITORI - 27 (Solution)

3	1	2	2
1	1	4	3
3	3	1	1
2	4	3	1

HITORI - 28 (Solution)

3	1	2	1
4	3	4	1
1	4	3	2
4	2	4	3

HITORI - 29 (Solution)

3	4	3	1
3	2	4	3
4	2	3	2
2	3	1	1

HITORI - 30 (Solution)

3	2	2	4
1	3	2	3
2	3	4	1
4	1	3	3

HOW TO PLAY

The goal is to fill (color) some cells to satisfy the clues.

The numbers across the bottom and down the right are the clues, and equal the row and column totals for the colored cells.

The numbers across the top and down the left are the values for each of the cells in the rows and columns (the first cell in a row or column is worth 1, the second 2, the third 3, etc.).

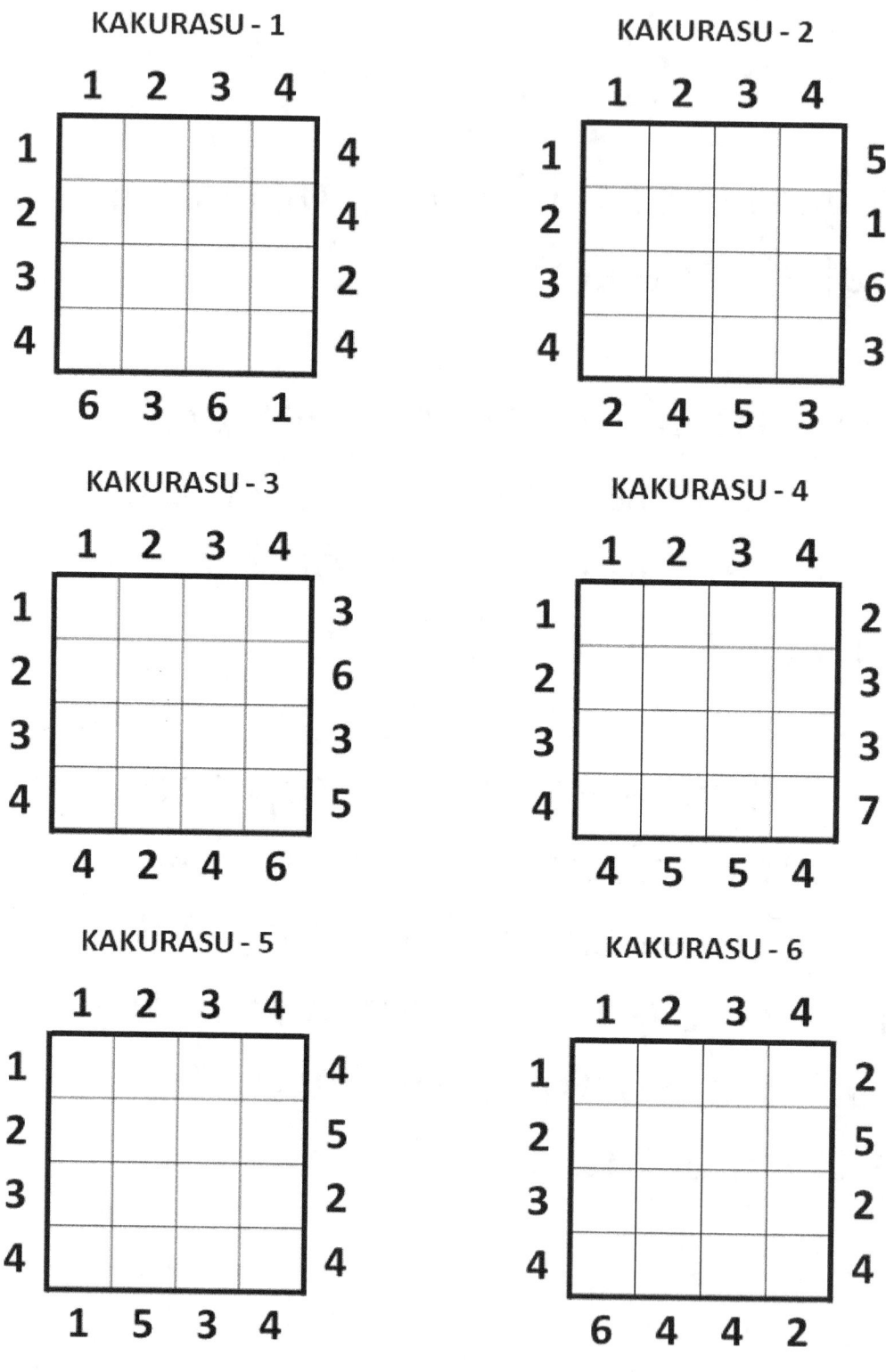

KAKURASU - 1

	1	2	3	4	
1					4
2					4
3					2
4					4
	6	3	6	1	

KAKURASU - 2

	1	2	3	4	
1					5
2					1
3					6
4					3
	2	4	5	3	

KAKURASU - 3

	1	2	3	4	
1					3
2					6
3					3
4					5
	4	2	4	6	

KAKURASU - 4

	1	2	3	4	
1					2
2					3
3					3
4					7
	4	5	5	4	

KAKURASU - 5

	1	2	3	4	
1					4
2					5
3					2
4					4
	1	5	3	4	

KAKURASU - 6

	1	2	3	4	
1					2
2					5
3					2
4					4
	6	4	4	2	

KAKURASU - 7

	1	2	3	4	
1					6
2					4
3					1
4					3
	5	1	6	1	

KAKURASU - 8

	1	2	3	4	
1					4
2					3
3					1
4					4
	6	2	1	4	

KAKURASU - 9

	1	2	3	4	
1					6
2					4
3					4
4					1
	6	1	2	4	

KAKURASU - 10

	1	2	3	4	
1					4
2					4
3					5
4					3
	1	3	8	2	

KAKURASU - 11

	1	2	3	4	
1					9
2					1
3					4
4					3
	2	1	5	4	

KAKURASU - 12

	1	2	3	4	
1					6
2					5
3					1
4					3
	5	1	4	3	

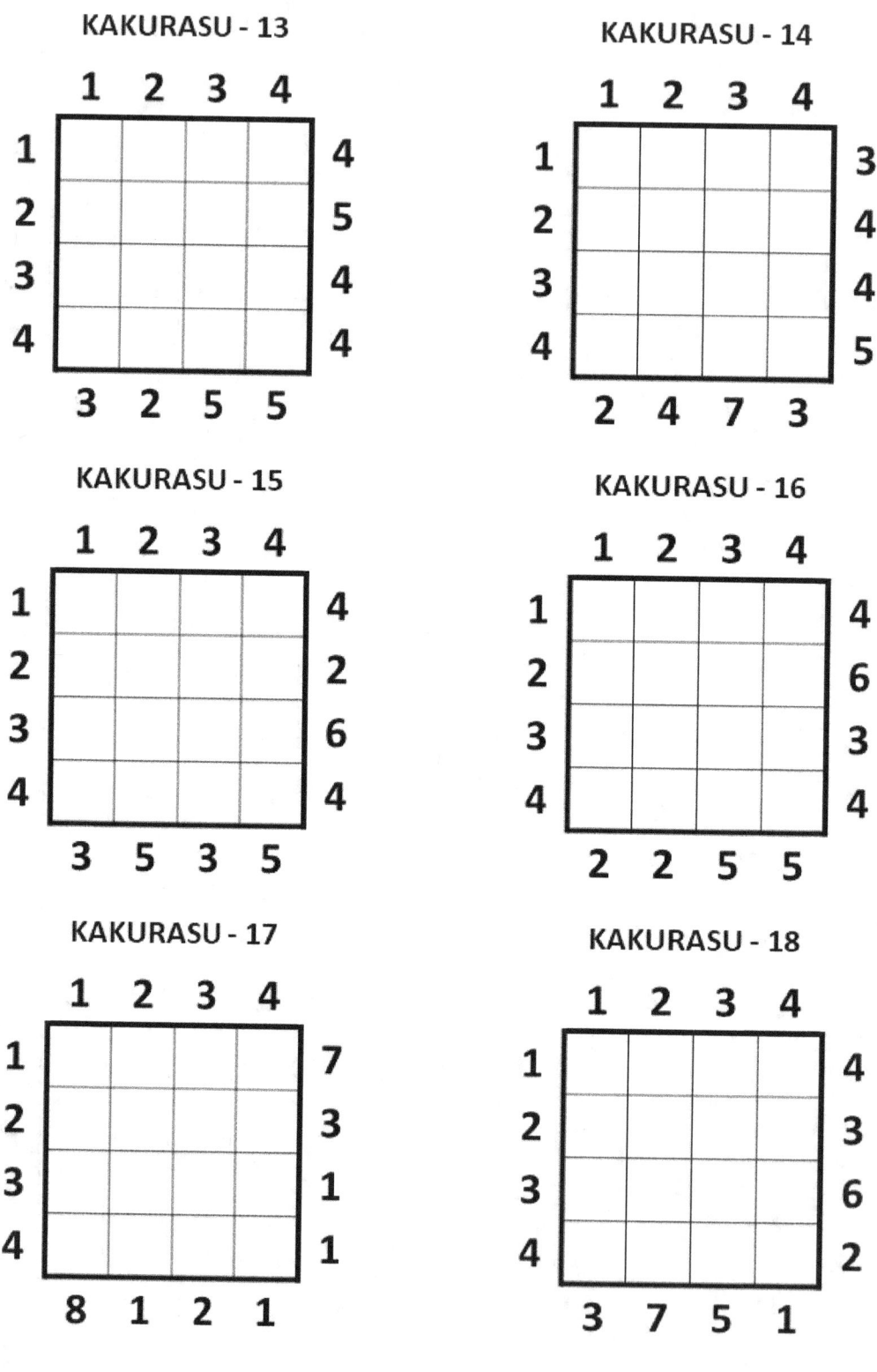

KAKURASU - 13

	1	2	3	4	
1					4
2					5
3					4
4					4
	3	2	5	5	

KAKURASU - 14

	1	2	3	4	
1					3
2					4
3					4
4					5
	2	4	7	3	

KAKURASU - 15

	1	2	3	4	
1					4
2					2
3					6
4					4
	3	5	3	5	

KAKURASU - 16

	1	2	3	4	
1					4
2					6
3					3
4					4
	2	2	5	5	

KAKURASU - 17

	1	2	3	4	
1					7
2					3
3					1
4					1
	8	1	2	1	

KAKURASU - 18

	1	2	3	4	
1					4
2					3
3					6
4					2
	3	7	5	1	

KAKURASU - 19

	1	2	3	4	
1					2
2					5
3					4
4					4
	3	3	5	4	

KAKURASU - 20

	1	2	3	4	
1					3
2					7
3					2
4					4
	2	5	1	6	

KAKURASU - 21

	1	2	3	4	
1					4
2					2
3					4
4					5
	7	2	3	5	

KAKURASU - 22

	1	2	3	4	
1					2
2					4
3					4
4					6
	3	5	3	6	

KAKURASU - 23

	1	2	3	4	
1					7
2					3
3					1
4					6
	3	4	3	5	

KAKURASU - 24

	1	2	3	4	
1					4
2					8
3					4
4					2
	2	4	2	6	

KAKURASU - 25

	1	2	3	4	
1					3
2					4
3					4
4					5
	2	4	7	3	

KAKURASU - 26

	1	2	3	4	
1					5
2					1
3					4
4					2
	6	4	3	1	

KAKURASU - 27

	1	2	3	4	
1					3
2					2
3					7
4					3
	1	3	7	3	

KAKURASU - 28

	1	2	3	4	
1					3
2					7
3					2
4					3
	2	5	5	2	

KAKURASU - 29

	1	2	3	4	
1					1
2					7
3					4
4					3
	5	4	2	5	

KAKURASU - 30

	1	2	3	4	
1					6
2					4
3					2
4					2
	1	8	1	2	

KAKURASU - 1 (Solution)

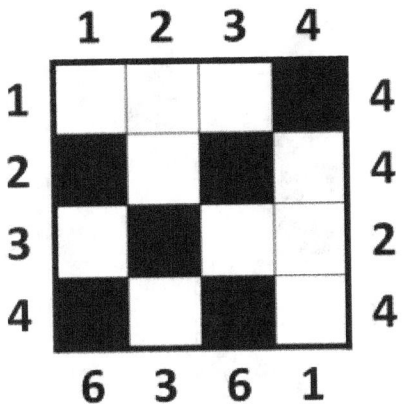

KAKURASU - 2 (Solution)

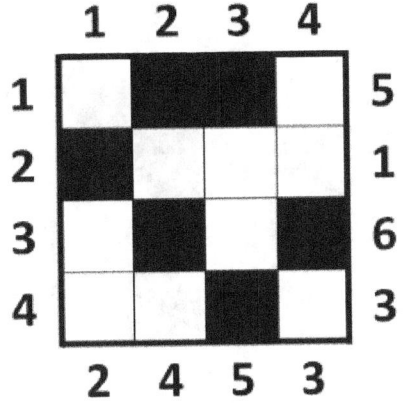

KAKURASU - 3 (Solution)

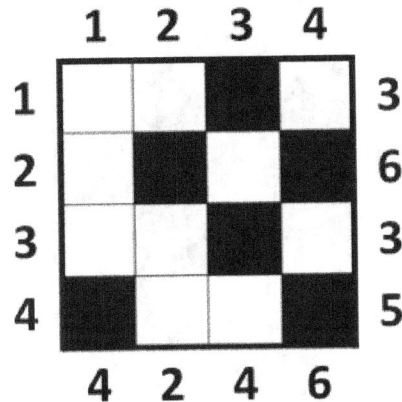

KAKURASU - 4 (Solution)

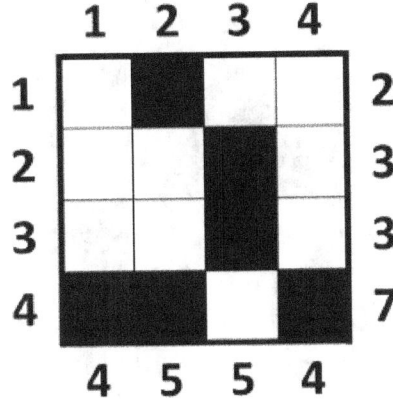

KAKURASU - 5 (Solution)

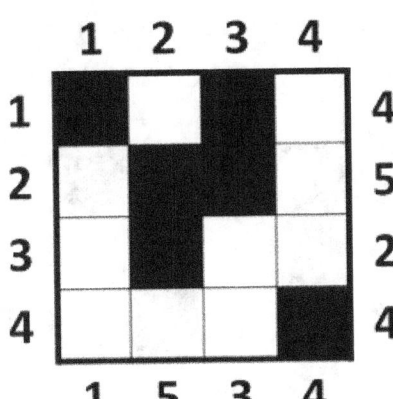

KAKURASU - 6 (Solution)

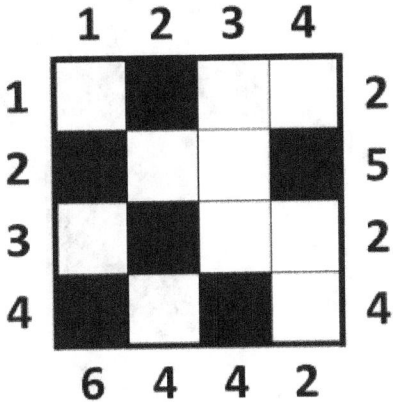

KAKURASU - 7 (Solution)

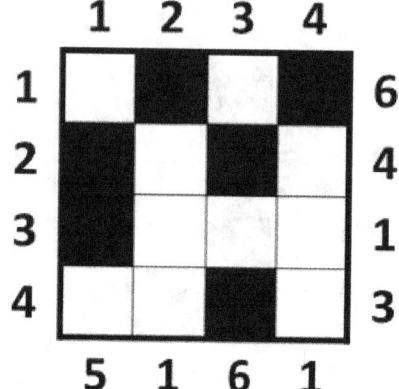

KAKURASU - 8 (Solution)

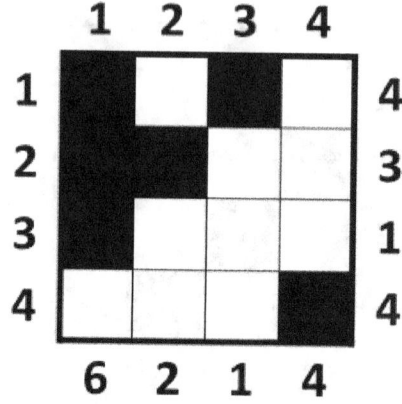

KAKURASU - 9 (Solution)

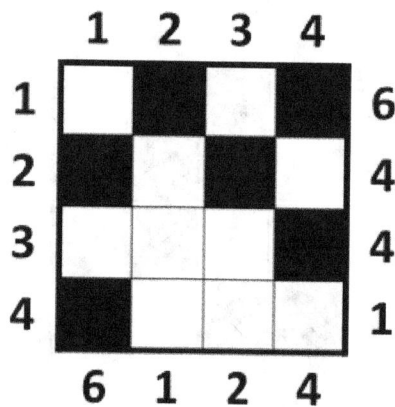

KAKURASU - 10 (Solution)

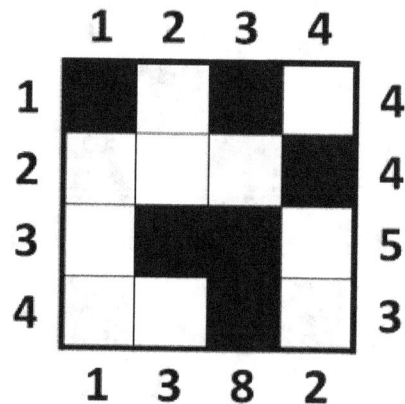

KAKURASU - 11 (Solution)

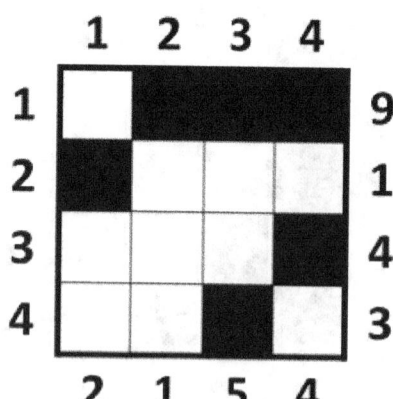

KAKURASU - 12 (Solution)

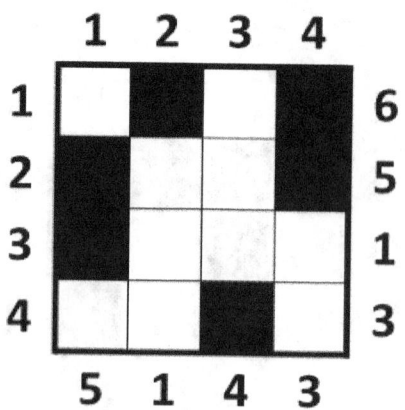

KAKURASU - 13 (Solution)

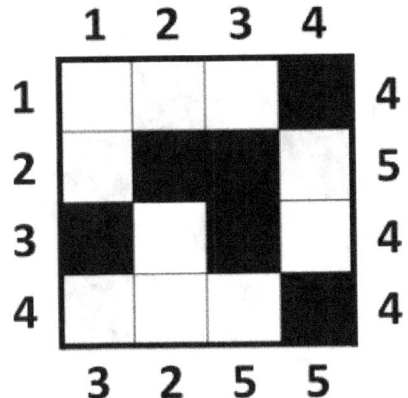

KAKURASU - 14 (Solution)

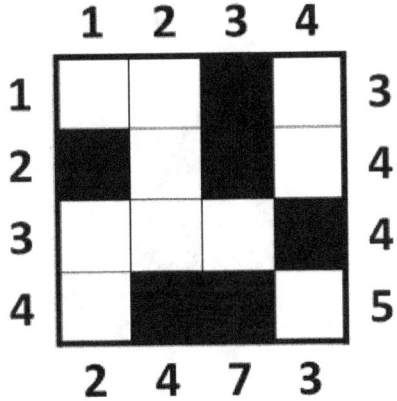

KAKURASU - 15 (Solution)

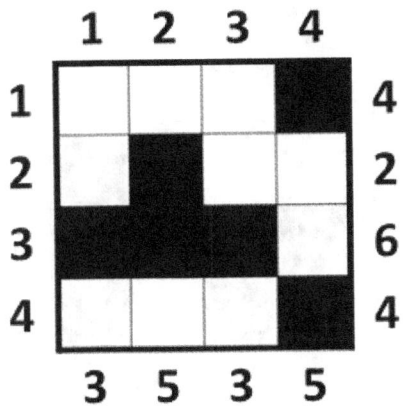

KAKURASU - 16 (Solution)

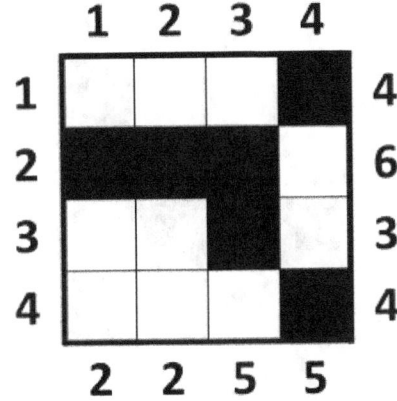

KAKURASU - 17 (Solution)

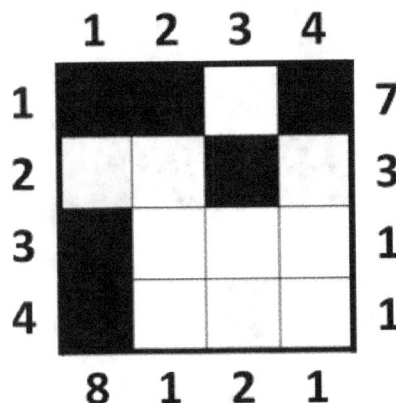

KAKURASU - 18 (Solution)

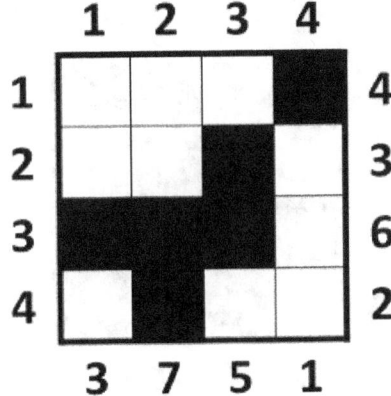

KAKURASU - 19 (Solution)

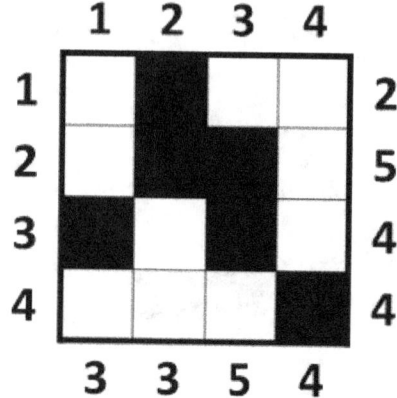

KAKURASU - 20 (Solution)

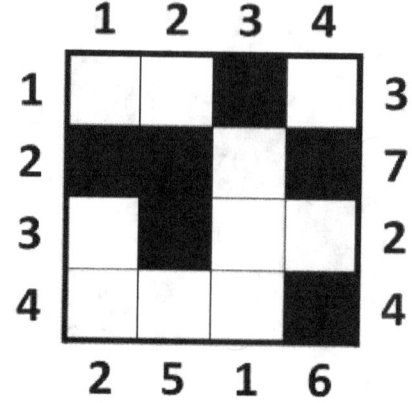

KAKURASU - 21 (Solution)

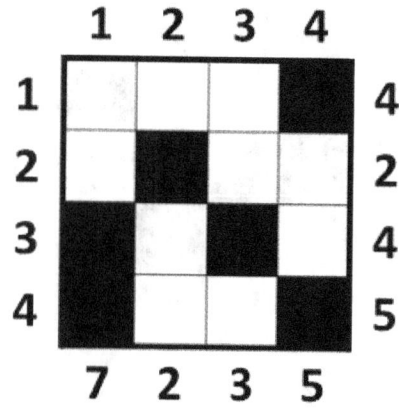

KAKURASU - 22 (Solution)

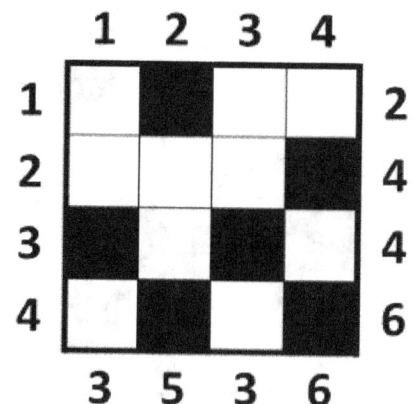

KAKURASU - 23 (Solution)

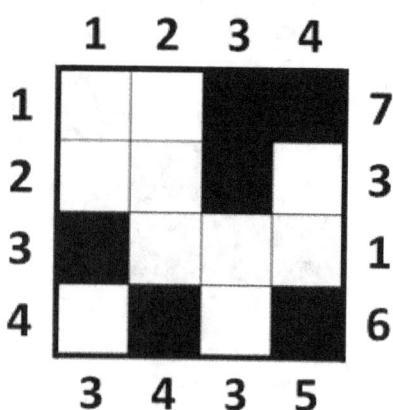

KAKURASU - 24 (Solution)

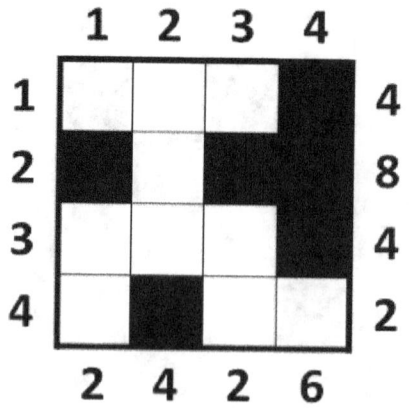

KAKURASU - 25 (Solution)

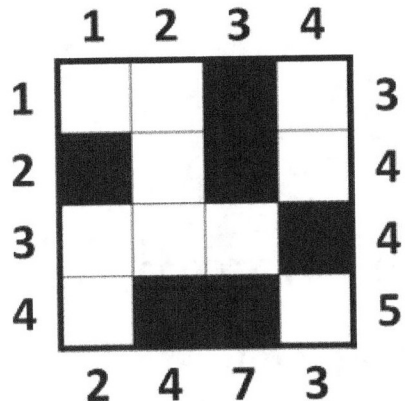

KAKURASU - 26 (Solution)

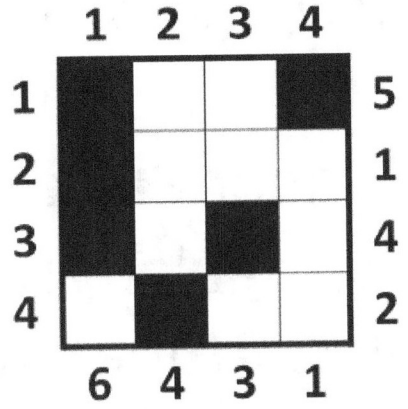

KAKURASU - 27 (Solution)

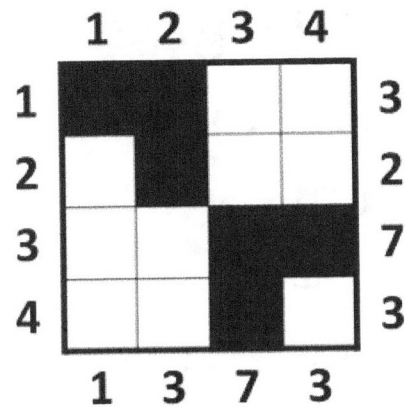

KAKURASU - 28 (Solution)

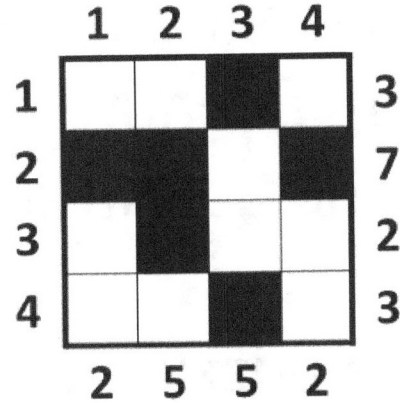

KAKURASU - 29 (Solution)

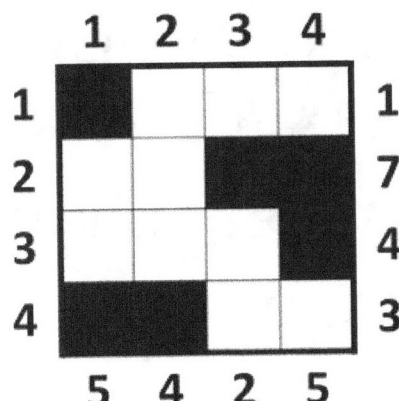

KAKURASU - 30 (Solution)

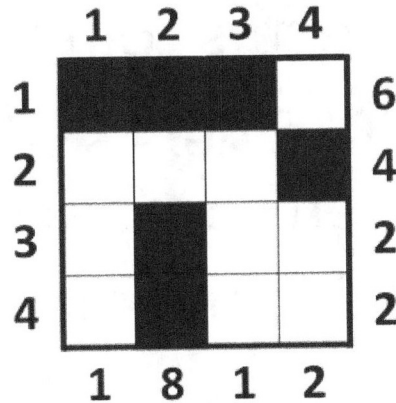

HOW TO PLAY

Number Place is played on a rectangular grid, in which some cells of the grid are shaded. Additionally, external to the grid, several numeric values are given, some denoted as horizontal, and some denoted as vertical.

The puzzle functions as a simple numeric crossword puzzle. The object is to fill in the empty cells with single digits, such that the given numeric values appear on the grid in the orientation specified.

NUMBER PLACE - 1

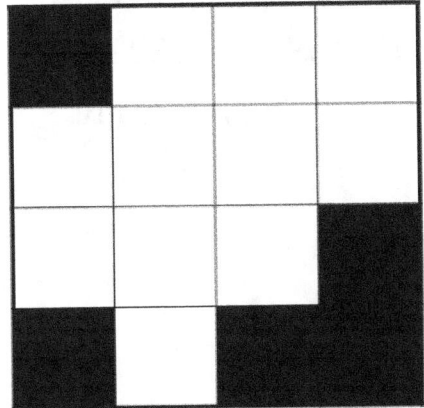

ACROSS
2323, 32, 2213

DOWN
223, 21, 333, 322

NUMBER PLACE - 2

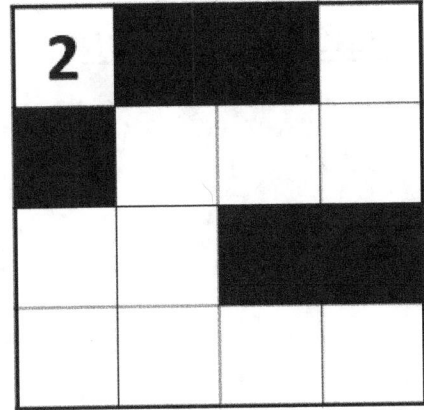

ACROSS
322, 2311, 222

DOWN
21, 23, 212, 2323

NUMBER PLACE - 3

ACROSS
23, 221, 1212

DOWN
21, 11, 232

NUMBER PLACE - 4

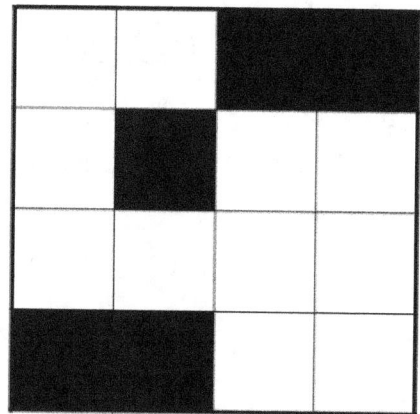

ACROSS

223, 3223

DOWN

13, 2313

NUMBER PLACE - 5

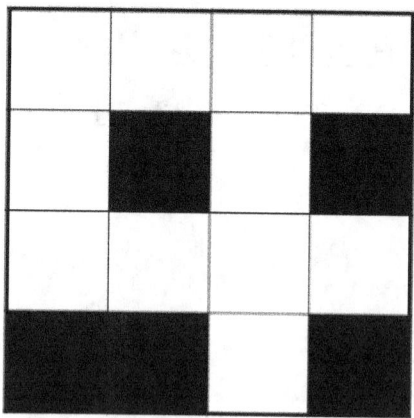

ACROSS

21, 12, 11,
2223

DOWN

221, 112,
131

NUMBER PLACE - 6

ACROSS

2331,
3333

DOWN

233, 3331

NUMBER PLACE - 7

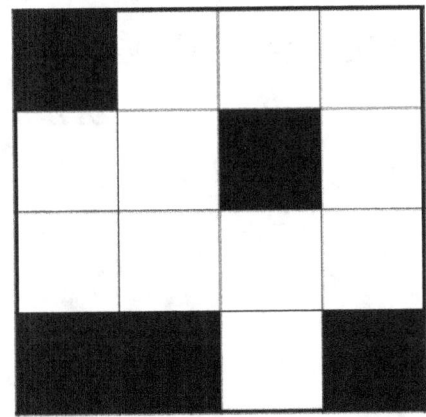

ACROSS
312, 2132, 111

DOWN
12, 1132, 311

NUMBER PLACE - 8

ACROSS
2333, 21, 322

DOWN
32, 313, 223, 22

NUMBER PLACE - 9

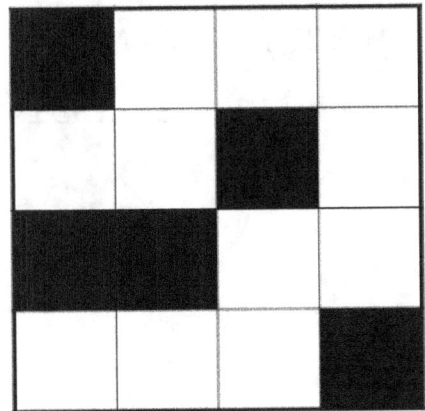

ACROSS
131, 11, 122, 31

DOWN
121, 12, 11

NUMBER PLACE - 10

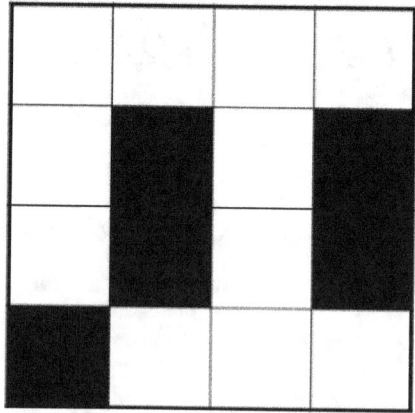

ACROSS

333, 31, 222

DOWN

32, 321, 1321

NUMBER PLACE - 11

ACROSS

12, 11, 31, 131

DOWN

11, 1212

NUMBER PLACE - 12

ACROSS

1113, 311

DOWN

132, 1331

NUMBER PLACE - 13

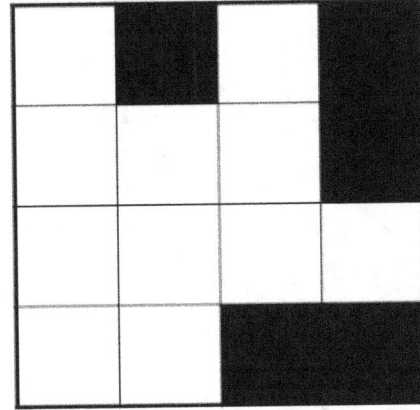

ACROSS

12, 122, 232

DOWN

12, 21, 1233

NUMBER PLACE - 14

ACROSS

2223, 113, 22

DOWN

3122, 132, 122

NUMBER PLACE - 15

ACROSS

11, 1213, 123

DOWN

221, 3111, 331

NUMBER PLACE - 1

2	3	2	3
2	2	1	3
3	2	■	3
■	■	■	■

ACROSS

2323, 32, 2213

DOWN

223, 21, 333, 322

NUMBER PLACE - 2

■	2	2	2
2	3	1	1
3	2	2	■
■	3	■	■

ACROSS

322, 2311, 222

DOWN

21, 23, 212, 2323

NUMBER PLACE - 3

2	■	■	1
■	2	2	1
2	3	■	■
1	2	1	2

ACROSS

23, 221, 1212

DOWN

21, 11, 232

NUMBER PLACE - 4

2	■	■	2
■	2	2	3
1	■	■	1
3	2	2	3

ACROSS	DOWN
223, 3223	13, 2313

NUMBER PLACE - 5

1	2	■	■
1	■	2	1
2	2	2	3
■	■	1	1

ACROSS	DOWN
21, 12, 11, 2223	221, 112, 131

NUMBER PLACE - 6

2	3	3	1
3	■	3	■
3	3	3	3
■	■	1	■

ACROSS	DOWN
2331, 3333	233, 3331

NUMBER PLACE - 7

	3	1	2
1	1	1	
2	1	3	2
		2	

ACROSS
312, 2132, 111

DOWN
12, 1132, 311

NUMBER PLACE - 8

	3	2	2
2	1		2
2	3	3	3
		2	

ACROSS
2333, 21, 322

DOWN
32, 313, 223, 22

NUMBER PLACE - 9

	1	3	1
3	1		2
		1	1
1	2	2	

ACROSS
131, 11, 122, 31

DOWN
121, 12, 11

NUMBER PLACE - 10

1	■	■	1
■	3	3	3
■	2	2	2
3	1	■	1

ACROSS

333, 31, 222

DOWN

32, 321, 1321

NUMBER PLACE - 11

■	1	3	1
3	1	■	2
■	■	1	1
1	2	■	2

ACROSS

12, 11, 31, 131

DOWN

11, 1212

NUMBER PLACE - 12

1	1	1	3
3	■	3	■
2	■	3	■
■	3	1	1

ACROSS

1113, 311

DOWN

132, 1331

NUMBER PLACE - 13

■	1	2	2
1	2	■	1
2	3	2	■
■	3	■	1

ACROSS

12, 122, 232

DOWN

12, 21, 1233

NUMBER PLACE - 14

3	■	1	■
1	1	3	■
2	2	2	3
2	2	■	■

ACROSS

2223, 113, 22

DOWN

3122, 132, 122

NUMBER PLACE - 15

3	■	3	■
1	2	3	■
1	2	1	3
1	1	■	■

ACROSS

11, 1213, 123

DOWN

221, 3111, 331

HOW TO PLAY

The goal is to fill grids cells by numbers in order to accomplish the following

1. Divide the grid into blocks.

2. Each block contains only one number.

3. The number indicates how many cells are contained in the blocks.

SHIKAKU - 1

4		4	2
2			2
2			

SHIKAKU - 2

4		4	
2		2	
2		2	

SHIKAKU - 3

4		4	
2		4	
2			

SHIKAKU - 4

6		4	
		2	
	4		

SHIKAKU - 5

4		4	
4		2	2

SHIKAKU - 6

4		2	2
4		2	2

SHIKAKU - 7

4		4	
2		4	
2			

SHIKAKU - 8

4		4	
2		4	
2			

SHIKAKU - 9

4			4
		4	
4			

SHIKAKU - 10

4		4	
4		4	

SHIKAKU - 11

4		4	
2		2	
2		2	

SHIKAKU - 12

4		6	
4			
		2	

SHIKAKU - 13

4		4	
4		2	
		2	

SHIKAKU - 14

4		6	
2			
2		2	

SHIKAKU - 15

4		4	
4		4	

SHIKAKU - 16

4		4	
2		2	
2		2	

SHIKAKU - 17

4		2	2
4		4	

SHIKAKU - 18

4		2	2
4		2	2

SHIKAKU - 19

4		2	2
4		2	2

SHIKAKU - 20

4		2	2
2		2	2
2			

SHIKAKU - 21

4		4	
4		2	
		2	

SHIKAKU - 22

4		2	2
4		4	

SHIKAKU - 23

4		4	
4		4	

SHIKAKU - 24

4		2	2
4		2	2

SHIKAKU - 25

4		4	
2		2	
2		2	

SHIKAKU - 26

4		3	3
2			
2		2	

SHIKAKU - 27

4		4	
2		2	
4			

SHIKAKU - 28

4		4	
4		4	

SHIKAKU - 29

4		4	
4		4	

SHIKAKU - 30

4		4	
4		2	2

SHIKAKU - 1 (Solution)

4	4	4	2
4	4	4	2
2	2	4	2
2	2	4	2

SHIKAKU - 2 (Solution)

4	4	4	4
4	4	4	4
2	2	2	2
2	2	2	2

SHIKAKU - 3 (Solution)

4	4	4	4
4	4	4	4
2	2	4	4
2	2	4	4

SHIKAKU - 4 (Solution)

6	6	4	4
6	6	4	4
6	6	2	2
4	4	4	4

SHIKAKU - 5 (Solution)

4	4	4	4
4	4	4	4
4	4	2	2
4	4	2	2

SHIKAKU - 6 (Solution)

4	4	2	2
4	4	2	2
4	4	2	2
4	4	2	2

SHIKAKU - 13 (Solution)

4	4	4	4
4	4	4	4
4	4	2	2
4	4	2	2

SHIKAKU - 14 (Solution)

4	4	6	6
4	4	6	6
2	2	6	6
2	2	2	2

SHIKAKU - 15 (Solution)

4	4	4	4
4	4	4	4
4	4	4	4
4	4	4	4

SHIKAKU - 16 (Solution)

4	4	4	4
4	4	4	4
2	2	2	2
2	2	2	2

SHIKAKU - 17 (Solution)

4	4	2	2
4	4	2	2
4	4	4	4
4	4	4	4

SHIKAKU - 18 (Solution)

4	4	2	2
4	4	2	2
4	4	2	2
4	4	2	2

SHIKAKU - 19 (Solution)

4	4	2	2
4	4	2	2
4	4	2	2
4	4	2	2

SHIKAKU - 20 (Solution)

4	4	2	2
4	4	2	2
2	2	2	2
2	2	2	2

SHIKAKU - 21 (Solution)

4	4	4	4
4	4	4	4
4	4	2	2
4	4	2	2

SHIKAKU - 22 (Solution)

4	4	2	2
4	4	2	2
4	4	4	4
4	4	4	4

SHIKAKU - 23 (Solution)

4	4	4	4
4	4	4	4
4	4	4	4
4	4	4	4

SHIKAKU - 24 (Solution)

4	4	2	2
4	4	2	2
4	4	2	2
4	4	2	2

SHIKAKU - 25 (Solution)

4	4	4	4
4	4	4	4
2	2	2	2
2	2	2	2

SHIKAKU - 26 (Solution)

4	4	3	3
4	4	3	3
2	2	3	3
2	2	2	2

SHIKAKU - 27 (Solution)

4	4	4	4
4	4	4	4
2	2	2	2
4	4	4	4

SHIKAKU - 28 (Solution)

4	4	4	4
4	4	4	4
4	4	4	4
4	4	4	4

SHIKAKU - 29 (Solution)

4	4	4	4
4	4	4	4
4	4	4	4
4	4	4	4

SHIKAKU - 30 (Solution)

4	4	4	4
4	4	4	4
4	4	2	2
4	4	2	2